基于演化博弈的中国上市公司独立董事监督问题研究

王 琦◎著

The Study on Supervision of Independent Directors of Listed Companies in China Based on the Evolutionary Game Theory

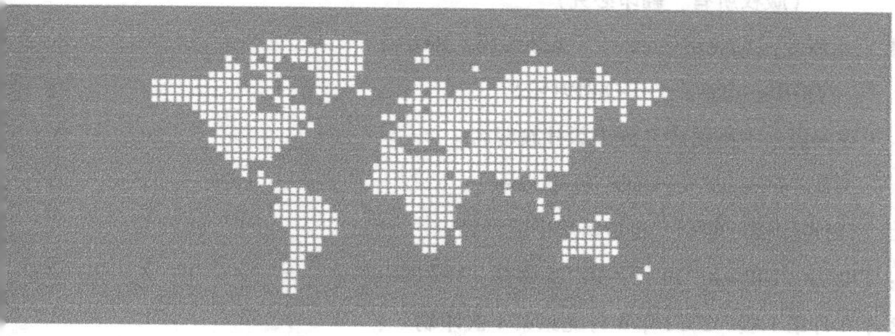

中国财经出版传媒集团
中国财政经济出版社

图书在版编目（CIP）数据

基于演化博弈的中国上市公司独立董事监督问题研究/
王琦著. --北京：中国财政经济出版社，2022.6
ISBN 978-7-5223-1492-1

Ⅰ.①基…　Ⅱ.①王…　Ⅲ.①上市公司-董事会-研究-中国　Ⅳ.①F279.246

中国版本图书馆CIP数据核字（2022）第099544号

责任编辑：庄　莉　　　责任校对：徐艳丽　　　责任印制：刘春年

基于演化博弈的中国上市公司独立董事监督问题研究
JIYU YANHUA BOYI DE ZHONGGUO SHANGSHI GONGSI
DULI DONGSHI JIANDU WENTI YANJIU

中国财政经济出版社 出版

URL：http：//www.cfeph.cn
E-mail：cfeph@cfeph.cn

社址：北京市海淀区阜成路甲28号　邮政编码：100142
营销中心电话：010-88191522
天猫网店：中国财政经济出版社旗舰店
网址：https：//zgczjjcbs.tmall.com
北京财经印刷厂印刷　各地新华书店经销
成品尺寸：170mm×240mm　16开　10.75印张　162 000字
2022年6月第1版　2022年6月北京第1次印刷
定价：52.00元
ISBN 978-7-5223-1492-1
（图书出现印装问题，本社负责调换）
本社质量投诉电话：010-88190744
打击盗版举报热线：010-88191661　QQ：2242791300

前　言

为提高上市公司治理效果，健全我国公司治理制度环境，对上市公司进行监督以防范大股东掏空等违规行为的发生，独立董事制度被引入我国。近年来我国独立董事制度不断完善，上市公司独立董事席位比例、独立性以及任职资格等相关要求也越来越严格。然而，根据公开披露数据显示，2012—2018 年，证监会给予公开批评、谴责和行政处罚的公司违规事件数量分别为 52 起、60 起、86 起、107 起、183 起、224 起、310 起，呈不断上升趋势，上市公司违规行为频发同时伴随着独立董事遭遇连带责任处罚的事件逐年增多，作为上市公司内部治理中最重要的监督主体，独立董事监督效果被广为诟病，独立董事被称为“花瓶董事”“橡皮图章”的现象逐渐盛行，如何有效实现独立董事监督效果成为公司治理研究重点之一。

基于以上背景，从改善我国上市公司独立董事监督效果出发，在对国内外相关研究进行总结与归纳后，本书发现，第一，当前我国独立董事在监督过程中存在个体监督激励不足的问题，具体表现为：独立董事薪酬激励效果有限、缺乏有效的声誉激励机制以及任免机制存在缺陷，同时存在独立董事履职能力弱的问题。第二，独立董事与监事会同为上市公司内部监督主体，但实际上二者并未能形成监督合力，甚至存在二者相互推诿、权责不明的现象。第三，证监会作为公司治理外部监管主要力量，并未能有效促进独立董事监督效果发挥，而实现公司治理外部披露作用的媒体也未能对独立董事监督产生促进作用，甚至产生了负面影响。这些情形的存在令独立董事的监督作用难以有效发挥，导致上市公司大股东掏空、内部人控制、大股东与管理层合谋损害中小股东利益等问题难以有效抑制。

鉴于此，考虑到独立董事、大股东、管理者等参与主体均为有限理性的群体，每个主体具体行为的形成过程不是一蹴而就，而是在不断优化策略和行为的过程中不断改良而逐步形成的，所以本研究从独立董事监督过程中各利益方的互动博弈出发，分别详尽分析了我国独立董事监督薪酬激励、声誉激励、改进任免机制以提升独立董事监督效果、提升独立董事履职能力以促进监督效果、促进独立董事与监事会监督形成合力、通过证监会和媒体的外部监管作用改进独立董事监督效果几个方面，通过研究独立董事监督过程中各利益相关方互动的演化过程，建立演化博弈模型及复制动态方程找出博弈过程中各利益相关主体决策的演化过程，寻求提升独立董事监督效果的演化路径，为我国独立董事监督有效性的提升贡献理论借鉴。

本书的研究结论主要包括以下几个方面：

第一，本书分析了当前弱声誉激励和建立有效声誉激励条件下独立董事和大股东的策略选择过程，论证了在我国建立独立董事人才库对有效发挥独立董事声誉激励机制、提升独立董事监督效果的重要意义。研究发现：通过建立独立董事人才库，一方面通过例如公开表彰和重点任职推荐的方式给予尽职监督的独立董事声誉奖励，另一方面对不尽职监督的独立董事施以移出人才库、公开披露、禁止再次任职的处罚，能够令独立董事声誉激励机制有效发挥作用，提升独立董事对违规行为的监督效果。我国公司治理改革实践中，开始着手并重点建设独立董事人才库，同时利用人才库对独立董事进行有效奖惩，这些有效发挥了独立董事声誉激励机制，促进独立董事尽职监督，提升了上市公司治理效果。

第二，本书分析了不同薪酬激励下独立董事和大股东的策略选择过程，论证了对独立董事进行薪酬激励对于其监督职能发挥的影响。研究发现：在将独立董事薪酬分为固定薪酬和可变薪酬的情况下，当给予独立董事固定薪酬时，较高的固定薪酬会对独立董事履行监督职能产生负面影响，而如果给予独立董事随中小股东等外部投资者的收益升降而相应增减的变动薪酬，则会对其在董事会上提出异议、履行监督职能等行为带来正向的影响。因此，应将薪酬激励机制建立的重点和突破口放在提升独立董事可变薪酬上，在允许的情况下逐步减小独立董事固定薪酬比重，增加变动薪酬并适当提高变动薪酬在整个独立董事收入中的比重，以督促独立董事监督效能的真正发挥。

第三，基于演化博弈方法，本书分析了在当前任免机制和改进任免机制之后独立董事和大股东的策略选择过程，论证了在我国改进独立董事任免机制以提升独立董事监督效果的重要意义。研究发现：建立证监会与上市公司共同选任独立董事的任免机制，证监会选任负责监督职能的独立董事，上市公司选任负责其他职能的独立董事，并且重点对证监会选任的独立董事实施有效奖惩，这些措施可以改进独立董事任免机制，进一步促进独立董事对违规行为的有效监督。在实施过程中，要保证证监会任命的这一部分独立董事在董事会上占半数以上的投票权，在此基础上重点对证监会任免的这一部分独立董事中不尽职监督的独立董事进行清库，重点选任尽职监督的独立董事，对独立董事实施有效奖惩。

第四，本书从演化博弈的视角出发，分析了独立董事具备不同履职能力条件下独立董事和大股东行为的策略选择过程，论证了不同履职能力对独立董事监督职能有效发挥的影响。研究发现：独立董事如果能够为公司治理过程提供高水平的人力资本和社会资本方面的协助，具备较高的履职能力，则独立董事能够一定程度上防止在对大股东和内部控制人掏空等违规行为投非赞成票后非正常离职的情况发生；对于履职能力较弱，很难提供有效咨询服务建议和战略协助职能的独立董事，很容易招致大股东事后的针对性行为，这一类独立董事非正常离职的概率较高，即具备较高履职能力、能够提供有效人力资本和社会资本的独立董事能够更有效地实现对公司治理中不当行为的监督。因而，有效实现独立董事的监督职能，不应仅从对独立董事个体有效监督进行激励着手，还应从加强独立董事履职能力建设、增加独立董事拥有的人力资本和社会资本的角度出发，更重视独立董事的履职能力培养、逐步提升其各类资本数量，这些措施对于提高独立董事监督效果，有效抑制大股东掏空等违规行为同样重要。

第五，本书通过对独立董事和监事会的监督机理分析，明晰了提升二者尽职程度的激励机制。研究发现：一方面我国应建立监事会问责机制，另一方面应令监事会成为实时监督独立董事尽职程度的主体，实现对独立董事的监管，这些措施可以同时提升监事会和独立董事的监督效果，令二者形成合力，进一步提升内部治理水平。为解决目前我国上市公司二元监督模式困境，进一步提升上市公司治理水平，一方面应建立监事会问责机制，惩罚监事会监督不力的情形，追究其责任，另一方面也应令监事会对独立董事尽职监督程度进行监管，定期发布关于独立董事尽职程度的监督报告，对独立董事履行职责的尽职程度进行公开披露。

第六，本书分析了在当前信息获取难度较高和通过相关措施改善独立董事信息获取程度后独立董事和大股东的策略选择过程，论证了在我国通过相关措施保障独立董事信息获取以提升独立董事监督效果的重要意义。研究发现：通过令独立董事发布独立意见时强制披露独立意见依据的信息获取来源且强制独立董事出具信息来源的有力证据、对独立董事尽职与否以及对大股东和内部人隐瞒公司治理信息实施更具力度更公正的赏罚原则、促进事前独立董事对大股东和内部人隐瞒信息行为进行披露这几个手段保障独立董事能够有效获取公司治理真实信息，有效改进独立董事监督“信息不对称”问题，进一步促进独立董事对违规行为进行有效监督。因此，为破解我国独立董事信息获取困境，保证独立董事监督效果，必须借助证监会的力量令这些手段有效实施，保障独立董事的信息获取。

第七，本书运用演化博弈方法演绎了媒体的不同行为对独立董事监督过程中独立董事和大股东行为策略选择的影响过程。研究发现：一方面，媒体对于公司治理违规行为的有力披露和外部监督有利于独立董事监督效果的发挥；另一方面，媒体同上市公司利益集团的共谋行为或地方政府操控媒体产生的报道偏误不利于独立董事监督效果的发挥。为实现独立董事有效监督，提高公司治理水平，必须重视媒体这一外部监督主体的作用，使其减少报道偏误，与独立董事内部监管形成合力，共同对上市公司的违规行为进行约束与控制。

本书的创新之处有以下几点：

第一，在现有研究侧重于将独立董事薪酬作为影响独立董事行为的单一指标进行分析的情况下，本研究将我国独立董事薪酬分为固定薪酬和变动薪酬两类，通过分析，证明了固定薪酬不利于我国独立董事有效发挥监督效果，而变动薪酬有利于提升监督效果，为在我国建立有效的独立董事薪酬激励机制提供了理论借鉴。

第二，本书在整理并分析现有关于独立董事任免机制研究文献的基础上，提出应通过证监会和上市公司共同对独立董事进行选任的观点，由证监会负责选任提供监督职能的独立董事，上市公司负责选拔提供咨询服务和战略支持职能的独立董事，并通过数理模型证实这一选任机制对于实现独立董事监督效果的重要意义，为改进我国独立董事任免机制提供了新思路。

第三，本书通过理论分析和对已有相关研究进行梳理，提出应令监事会对独立董事尽职程度进行监督的命题，以促进独立董事和监事会形成监督合力，同时证实了这一措施对于实现独立董事监督效果、打破当前我国上市公司二元监督困境的重大意义，为提高我国上市公司独立董事监督效果水平、完善上市公司内部治理提供理论借鉴。

目 录

第一章

绪论

第一节　研究背景和研究意义

一、研究背景

为缓解大股东掏空、内部人控制等公司治理问题，独立董事制度被引入我国。我国独立董事制度的发展从只要求境外上市公司聘请独立董事，到要求境内上市公司独立董事比例必须不少于全部董事数量的1/3；从对董事会的独立性不断提出更高要求，到规定上市公司聘请至少一名会计专业人士作为独立董事并强制披露独立董事在董事会上对重大公司决策的具体投票内容——独立董事制度作为一项旨在改善我国公司治理效果的措施，在上市公司内部治理中的地位越来越举足轻重。

然而，随着中国经济改革中现代企业制度的导入，虽然中国上市公司董事会领导结构、人员组成等凸显董事会独立性的结构化指标已经日趋“合规”，从理论上讲，我国在这一“合规”的独立董事监督机制之下应能实现公司治理有效性，但是，实践中不断发生的公司治理失败事件却逐年增多——国泰安公开披露的数据显示，2012—2015 年被中国证券监督管理委员会（以下简称“证监会”）等相关部门给予公开批评、谴责和行政处罚的公司违规事件有 52 起、60 起、86 起、107 起之多，而 2016 年为 183 起、2017 年为 224 起，违规案件的数量逐年增多，2018 年上市公司证监会行政处罚案件更达到了 310 起①，其中不乏公众熟知的长生生物、汉王科技、莲花味精等行业翘楚。公司治理失败事件表现为大股东掏空、虚报利润、虚假信息披露等减少公司价值而被中国证监会给予处罚的公司治理失败事件。那么，为何“标配”乃至“高配”的董事会结构仍然出现很高的公司治理失效概率？为何独立董事的监督作用仍旧未能很好发挥？如何改良独立董事监督机制才能真正保障监督效果、实现上市公司高效内部治理？

基于以上背景，从改善我国上市公司独立董事监督效果出发，笔者对国内外的相关文献进行梳理后发现：当前我国独立董事在监督过程中存在个体监督激励不足的问题，具体表现为：薪酬激励效果有限、缺乏有效的声誉激励机制以及任免机制存在缺陷、独立董事履职能力弱；同时，虽然独立董事与监事会同为上市公司内部监督主体，但实际上二者并未能形成监督合力，甚至存在二者相互推诿、权责不明的现象；此外，证监会作为公司治理外部监管主要力量，并未能有效和独立董事发挥监督合力；发挥公司治理外部监管作用的媒体也未能对独立董事监督产生促进作用，甚至产生了负面影响。这些情形的存在令独立董事的监督作用难以有效发挥，进而导致上市公司的大股东掏空、内部人控制、大股东与管理层合谋损害中小股东利益等问题很难有效抑制。

独立董事对大股东、管理者等内部人进行监督的过程即证监会、独立董事、大股东、监事会、媒体等各个利益相关主体的互动过程，如何有效控制这一过程，令各利益相关主体的行动沿着公司治理越来越有效的方向发展成为国内外研究的重中之重。基于此，考虑到独立董事、大股东、管理者等参与主体

① 数据来源：证监会网站。

均为有限理性的群体，每个主体具体行为的形成过程不是一蹴而就的，而是在不断优化策略和行为的过程中不断改良而逐步形成的。所以，本书从独立董事监督过程中各利益方的互动博弈出发，分别详尽分析我国独立董事监督薪酬激励、声誉激励、任免机制、提升独立董事履职能力以促进监督效果、促进独立董事与监事会监督形成合力、通过证监会和媒体的外部监管作用改进独立董事监督效果几个方面，通过研究独立董事监督过程中各利益相关方互动的演化过程，建立演化博弈模型及复制动态方程找出博弈过程中各利益相关主体决策的演化过程，进而找出提升独立董事监督效果的演化路径，为我国独立董事监督有效性的提升贡献微薄之力。

二、研究意义

独立董事作为上市公司最重要的内部监督主体，监督效果能否有效发挥直接关系到上市公司内部治理效果，甚至关乎公司治理成败。在当前独立董事监督效果较弱的情况下，从多方面着手探究改进独立董事监督效果的途径无论对于完善公司治理理论还是为公司治理实践提供借鉴均意义重大。本书通过研究，主要从以下几个方面获得了改进独立董事监督效果的方向：

第一，在改进独立董事监督薪酬激励方面，本书通过建立演化博弈模型，分析了固定薪酬激励和变动薪酬激励下的独立董事监督决策差异，得出了固定薪酬不利于促进独立董事监督效果、变动薪酬有利于促进独立董事监督效果发挥的结论，相关研究结论为完善我国独立董事薪酬激励机制提供了理论与实践借鉴。

第二，在改进独立董事监督声誉激励方面，本书通过进行演化博弈分析，证实了有效的独立董事声誉激励对于独立董事监督效果发挥的重要作用，得出并证明了应在我国由证监会建立独立董事人才库以促进独立董事声誉机制发挥进而有效提升独立董事监督效果的研究结论，为完善我国独立董事声誉激励机制提供了理论与实践借鉴。

第三，在改进独立董事任免机制缺陷以促进独立董事监督效果方面，本书从微观主体决策的角度出发，通过对独立董事的监督决策形成过程和不同决策的成本收益进行分析，探究了改进独立董事任免机制的方案，得出并证明了改进我国独立董事任免机制缺陷应通过由证监会选任半数以上主要负责监督职能的独立董事，并由上市公司主要负责除监督外其他职能独立董事的任免工作，在有效发挥独立董事监督作用的同时发挥好独立董事对公司的其他职能，同时由独立董事人才储备库促进独立董事声誉机制以约束独立董事不致因权力过大而产生寻租行为的研究结论，并为改进完善我国独立董事任免机制提供了理论和实践借鉴。

第四，在加强独立董事履职能力建设以促进独立董事监督效果方面，本书通过演化博弈分析，分析了不同独立董事履职能力对独立董事监督效果影响的作用机理，提出了加强独立董事履职能力建设能够促进独立董事监督效果实现的命题并进行了证明，丰富了我国独立董事监督理论，为公司内部治理提供了实践借鉴。

第五，在发挥监事会的力量促进独立董事监督效果方面，本书通过演化博弈分析，分析了我国独特的监事会与独立董事二元监督主体并存状态下如何发挥二者监督作用、使双方形成监督合力以改善上市公司治理，得出应加强监事会监督问责机制、令监事会对独立董事的尽职程度进行实时和日常监督、每阶段令监事会发布关于独立董事尽职程度的报告来令二者形成监督合力的研究结论，丰富了我国公司内部治理理论，同时提供了实践借鉴。

第六，从更好地发挥证监会的力量促进独立董事监督效果方面，本书通过进行演化博弈分析，分析了目前独立董事信息获取模式和改进后独立董事信息获取模式下独立董事的不同监督效果差异，得出了建立对大股东和内部人刻意隐瞒信息行为的问责机制、令独立董事披露所发布独立信息的信息获取可信来源、重视独立董事事前对隐瞒信息行为进行披露有利于独立董事监督效果发挥的研究结论，为发挥好证监会的外部监管力量以改进我国上市公司大股东和内部人刻意向独立董事隐瞒信息的现状进而改进我国独立董事监督效果提供了理论借鉴和实践指导。

第七，在有效发挥媒体的治理作用促进独立董事监督效果方面，本书通过进行演化博弈分析，分析了不同媒体治理作用下独立董事的不同监督决策差异，得出了有效发挥媒体治理作用能够提升我国独立董事监督效果以及媒体的报道偏误对独立董事监督效果会产生阻碍的研究结论，为充分利用媒体的公司治理监管作用改进我国独立董事监督效果提供了理论框架和实践借鉴。

三、创新点

本书的创新点如下：

第一，在已有研究侧重于将独立董事薪酬作为影响独立董事行为的单一指标进行分析和研究的情况下，本书将我国独立董事薪酬分为固定薪酬和变动薪酬两类，通过分析，证明了固定薪酬不利于我国独立董事监督效果，变动薪酬有利于监督效果实现的论题，为在我国建立有效的独立董事薪酬激励机制提供了理论借鉴和实践参考。

第二，就独立董事任免机制改进问题，本书在整理并分析已有研究成果的基础上，提出应通过证监会和上市公司共同对独立董事进行选任，其中，证监会负责选任提供监督职能的独立董事，上市公司负责选拔提供咨询服务和战略支持职能独立董事的观点，并通过数理模型证实了这一选任机制对于实现独立董事监督效果的重要意义，为改进我国独立董事任免机制提供了新的思路。

第三，就如何实现独立董事和监事会形成监督合力这一问题，本书通过理论分析和对已有相关文献进行梳理，提出应令监事会对独立董事尽职程度进行监督的命题，同时证实了这一措施对于实现独立董事监督效果、打破当前我国上市公司二元监督困境的重大意义，为完善我国上市公司内部治理提供了理论借鉴和实践参考。

第二节 概念界定

一、独立董事

2001 年 8 月 16 日，中国证监会颁布《关于在上市公司建立独立董事制度的指导意见》（以下简称“《指导意见》”），首次对独立董事的概念作了明确的规定：上市公司独立董事是指不在公司担任除董事外的其他职务，并与其受聘的上市公司及其主要股东不存在可能妨碍其进行独立客观判断的关系的董事。同时，明确规定以下人员不得担任独立董事：①直接或间接持有上市公司已发行股份1%以上或者是上市公司前十名股东中的自然人股东及其直系亲属；②在直接或间接持有上市公司已发行股份5%以上的股东单位或者在上市公司前5名股东单位任职的人员及其直系亲属；③最近一年内曾经具有前三项所列举情形的人员；④为上市公司或者其附属企业提供财务、法律、咨询等服务人员；⑤公司章程规定的其他人员；⑥中国证监会认定的其他人员。本书中的独立董事概念主要使用中国证监会对独立董事概念做出的相关定义，并在此基础上展开分析。

美国上市公司中不存在具有强势地位的控股股东，独立董事的建立目的主要为代表众多力量分散的中小股东监督公司管理层，防止其损害中小股东利益。不同于美国独立董事的职责，我国独立董事制度的引入初衷是为监督大股东，防止其实施掏空等损害中小股东利益的行为，但与美国独立董事制度一致，我国同样要求独立董事占据董事会成员1/3以上。

如表1-1所示，回顾我国独立董事制度的发展可以看出，我国独立董事制度的发展从只要求境外上市公司聘请独立董事，到要求境内公司独立董事必须不少于董事数量的1/3；从要求提高董事会的独立性，到要求聘请至少一名会计专业人士作为独立董事和披露独立董事在董事会上对于重大公司决策的具体投票内容——独立董事制度作为一项旨在改善我国目前公司治理的措施，随着其规则层面的不断完善，逐步在我国公司治理领域发挥越来越重要的作用。

表1-1　　中国独立董事制度发展历程

年份	独立董事制度发展关键事件
1988	规定在香港上市的H股公司需要按香港联交所要求设立独立董事
1993	“青岛啤酒”发行H股，是我国上市公司聘请独立董事的首次实践
1997	中国证监会于12月16日发布《上市公司章程指引》，提出公司根据需要，可以设立独立董事，该条款为选择性条款
1999	国家经贸委、中国证监会联合发布《关于进一步促进境外上市公司规范化运作和深化改革的意见》，规定H股公司内部应有2名以上独立董事
2000	4月，国家经贸委提出要在大型公司制企业中逐步建立独立董事制度

续表

年份	独立董事制度发展关键事件
2001	8月21日，中国证监会发布《关于在上市公司建立独立董事制度的指导意见》，这是我国首部关于在上市公司设立独立董事的规范性文件，标志着我国上市公司正式全面执行独立董事制度。该意见明确提出：各境内上市公司应当按照要求修改公司章程，聘任适当人员担任独立董事，其中至少包括一名会计专业人士；在2002年6月30日以前，董事会成员中应当至少包括两名独立董事；在2003年6月30日前，上市公司董事会成员中应当至少包括1/3的独立董事，并对独立董事任职背景提出了明确的要求
2002	中国证监会发布《公司治理准则》，进一步规范独立董事制度
2004	中国证监会12月7日发布《关于加强社会公众股股东权益保护的若干规定》，再次明确《指导意见》中的有关规定，要求上市公司建立、完善独立董事制度。为了进一步强化独立董事的独立性及其监督作用，上海和深圳证券交易所在2004年修订的《股票上市规则》中明确要求上市公司及时披露有关重大事项的董事会决议公告信息，其中包括“每项提案获得的同意、反对和弃权的票数，以及有关董事反对或者弃权的理由”和“需要独立董事事前认可或者独立发表意见的，说明事前认可情况或者所发表的意见”等
2006	《公司法》（2006年新修订）进一步规范独立董事制度
2008	《证券公司管理条例》进一步规范独立董事制度
2009	我国上市公司独立董事比例达到35.26%，达到中国证监会提出的“上市公司董事会成员应至少包括1/3的独立董事”这一标准

资料来源：证监会网站。

二、独立董事监督对象

在数量有限的对独立董事监督对象进行分类的文献中，比较有代表性的为学者宁向东等（2012）把独立董事的监督对象归结为监督三类代理成本：大股东“掏空”引发的第一类委托代理成本、内部人控制和管理者隐瞒信息引发的第二类代理成本、内部委托人和代理人合谋共同利用信息优势损害外部投资者行为引发的第三类代理成本。理论上，完善的独立董事制度具有三大功能：防范股东利益不一致而引起的股东相容性风险即防范大股东“掏空”等侵害中小股东利益；防范因委托—代理激励不相容而导致代理人偷懒和滥用职权的委托—代理道德风险，即防范管理者以粉饰业绩或其他私人目的隐瞒或扭曲公司治理真实信息损害股东利益；防范因代理人能力与公司发展要求不相容而引起的决策失误风险，即独立董事需要为公司良好发展献计献策，利用自身良好履职能力发挥咨询服务建议职能，防止公司决策失误（肖曙光，2017）。

根据以上学者对独立董事监督对象和功能的划分，综合分析我国上市公司治理实践可以发现：第一，我国上市公司普遍存在大的控股股东，大股东与中小股东存在利益不一致的现象，导致大股东很有可能从自身利益出发利用拥有的对公司的控制权和信息优势而采取“掏空”等损害中小股东利益的行为，正如La Porta等（1999）的研究指出的，企业内部控股股东凭借拥有企业的控制权，很可能会以损害其他中小股东的利益为代价暗中为自身牟利，独立董事制度被引入的初衷及主要目的即针对大股东“掏空”等损害中小股东利益的行为进行监督抑制；第二，除了抑制大股东的违规违法行为，对企业管理者及内部人隐瞒公司治理真实信息为自身牟利的行为独立董事也要及时发现并加以阻止，控制这一行为的滋生，保障其他利益相关者的利益不受侵害，独立董事应充当外部利益相关者的代言人，实现监督内部人的职能（郭强，2003；简新华等，2006）。本书中的独立董事监督对象主要包括涉及独立董事监督职能的这两大监督对象。

三、独立董事监督方式

我国就任独立董事的主体一般都拥有在其他行业的重要工作岗位，独立董事兼职现象相对普遍，因而，独立董事在公司工作的时间有限，独立董事的监督方式不同于公司治理内部实现日常监督的常驻机构监事会，其发挥事前监督及实时监督作用的具体监督方式为在涉及大股东掏空、上市公司虚假信息披露等违规行为的董事会提案上出具反对意见，通过这一手段实现对于大股东及内部人违规行为的监管控制（唐雪松等，2010；宁向东等，2012；叶康涛等，2011）。相关研究证实，独立董事出具反对意见对于抑制上市公司违规、提升公司治理的重要意义。叶康涛等（2011）的研究利用中国特有的上市公司强制披露的独立董事对董事会议案发表意见和进行投票的数据证实了独立董事出具独立意见这一监督方式的重要价值，其研究指出：独立董事出具独立意见的监督行为能够缓解委托代理问题，提高公司价值；梁权熙等（2016）则利用这一类数据考察了独立董事相对于管理层的独立性对股价崩盘风险的影响，其研究发现：相比于不存在异议独立董事的公司，存在异议独立董事公司的股价发生崩盘的风险明显较低，独立董事异议行为能够防范股价崩盘风险、促进资本市场稳定。综上分析，本书认为，独立董事发挥监督职能、实现监督效果的方式即对涉及公司治理违规的董事会提案出具否定意见。

四、独立董事监督激励

独立董事的监督决策会受到各种不同因素的影响，不仅受到独立董事任免机制的影响（郑春美等，2011；李海健，2006），还受到独立董事薪酬（董志强等，2006；郑志刚等，2017；张天舒等，2018）、声誉激励（DeAngelo，1981；周泽将等，2015；蒋大兴，2003；宁向东等，2012；唐清泉，2005）以及独立董事履职能力（Shleifer 和 Vishny，1997；La Pona，1999；Wesley 和 Vidal，2010；Benoni 和 Randone，2006；Kim，2005；Huang 等，2016；Adams 等，2010；Miletkov 等，2017）的影响以及同为上市公司内部监督主体的监事会行为的影响（韩钢等，2006；白重恩等，2006；何孝星，2001；缪艳娟，2003），外部媒体对于公司治理信息的披露也会影响独立董事的决策和行为（李焰，2011）；在分析这些方面时，也应综合考虑证监会作为外部监管主体的监管作用（宁向东等，2012；辛清泉等，2013；QGAN，2017）、独立董事公司治理信息获取难度的高低（宁向东等，2012；张晓东，2015）以及独立董事责任险的配备（李俊成等，2016）等其他因素对独立董事监督产生的综合影响。综上所述，本书认为，独立董事监督激励具体指独立董事监督受到的以上多个方面的影响，本书将分别对这些方面进行分析，以考察各个不同因素对独立董事产生的不同激励效果，得出改进独立董事监督效果的方式。

五、独立董事监督效果

由于我国独立董事发挥监督职能的过程是通过对涉及大股东掏空、内部人虚假信息披露等违规行为的董事会提案出具否定意见来实现的（唐雪松等，2010；宁向东等，2012；叶康涛等，2011），所以本书刻画独立董事监督效果主要是通过对独立董事监督决策的最终结果加以衡量的：如果独立董事选择对涉及上市公司违规的董事会提案出具否定意见，那么可以认为独立董事发挥了监督职能，实现了监督效果；反之，如果独立董事未对涉及上市公司违规的董事会提案出具否定意见，而是出具了肯定意见，那么可以认为独立董事未能实现监督效果。本书在进行分析的过程中，也是通过改进独立董事监督决策的过程来刻画独立董事监督效果的改进，因为如果独立董事从倾向于采取形式监督策略到倾向于采取尽职监督策略，也即如果有更多独立董事倾向于对涉及公司违规的董事会提案出具否定意见，那么必有独立董事提升了监督效果，反之，则降低了监督效果。

第三节 研究内容与技术路线

一、研究内容

本书首先梳理国内外独立董事监督实践的文献和研究成果，找出我国独立董事未能有效实现监督职能的各个因素，其次，从改善中国上市公司独立董事监督效果出发，梳理相关的文献和研究成果。最后，分析独立董事的监督过程，从具体的监督过程出发，将我国独立董事监督的实践过程抽象为独立董事监督的博弈模型，在拟合现实的假设前提的基础之上，对独立董事监督过程中的相关利益方互动过程建立演化博弈模型，以不同的激励因素为假设基础，以演化博弈的视角对公司治理演化过程中的各个利益相关主体的博弈过程进行具体分析，之后进行模型的 matlab 仿真模拟。最终得出改善独立董事监督效果、实现其有效监督的政策建议，具体如图 1－1 所示。

研究思路如下：

本书以“明确独立董事实现监督效能过程中存在的各类不同问题→分析影响独立董事监督效果的各类因素→明确独立董事监督过程中存在的利益相关主体的互动过程→分别分析不同激励因素影响下各利益相关主体的行为对独立董事监督过程中互动博弈过程的影响→互动过程的演化博弈分析→分别进行影响监督效果的各因素分析→得出改进独立董事监督效果的方法”为研究思路，重点探究独立董事监督过程的演化动态和改进独立董事监督效果的方向，找出建立完善独立董事监督效果的方法，并提出相关政策建议。

研究共分为六个章节：

第一章，绪论。本章主要阐述了本书的研究背景及意义，界定了独立董

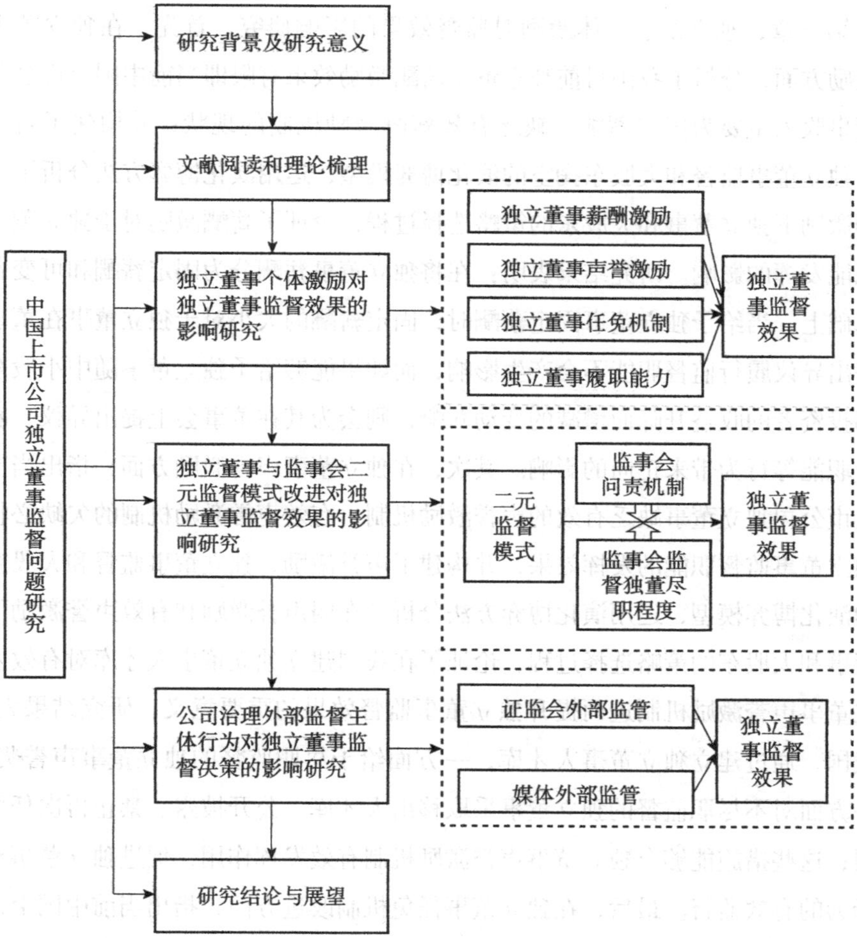

图 1－1 研究框架图

事、独立董事监督对象、独立董事监督方式、独立董事监督激励的概念，全面梳理了本书的整体研究内容和研究思路。

第二章，理论基础与文献综述。本章首先详细论述了作为文章理论基础的激励理论与演化博弈理论，重点对相关理论对研究的适用性以及使用这些理论进行分析的有效性加以论证；然后对研究中重点包含的影响独立董事监督效果的独立董事薪酬激励、独立董事声誉激励、独立董事任免机制、独立董事履职能力以及独立董事与监事会二元监督模式下的相互影响、证监会的行为如何改进独立董事监督效果、媒体外部监管对独立董事监督的影响进行理论分析，并对已有相关研究成果进行归纳总结，寻找研究突破口，为后续研究奠定理论基础。

第三章，独立董事个体激励对监督效果的影响研究。首先，在独立董事薪酬激励方面，分析了我国目前独立董事薪酬激励效果有限即当前中国上市公司独立董事收入主要为固定薪酬、缺乏有效薪酬激励机制的现状；并构建了薪酬激励、独立董事监督和大股东掏空的演化博弈模型，运用演化博弈方法分析了不同薪酬激励下独立董事和大股东的策略选择过程，论证了薪酬激励对于独立董事监督职能发挥的影响。研究结果表明：在将独立董事薪酬分为固定薪酬和可变薪酬的基础上，当给予独立董事固定薪酬时，固定薪酬的大小对于独立董事在董事会上提出异议履行监督职能不会产生影响，而如果能够给予独立董事随中小股东等外部投资者的收益升降而增减的变动薪酬，则会为其在董事会上提出异议、履行监督职能等行为带来正向的影响。其次，在独立董事声誉激励方面，指出当前中国上市公司独立董事缺乏有效的声誉激励机制，有效声誉激励机制的欠缺必将影响独立董事监督职能的发挥效果，并构建了声誉激励、独立董事监督和大股东掏空的演化博弈模型，运用演化博弈方法分析了在弱声誉激励和有效声誉激励下独立董事和大股东的策略选择过程，论证了在我国建立独立董事人才库对有效发挥独立董事声誉激励机制进而提升独立董事监督效果的重要意义，研究结果表明：在我国，通过建立独立董事人才库，一方面给予尽职监督的独立董事声誉奖励，另一方面对不尽职监督的独立董事采取移出人才库、公开披露、禁止再次任职的处罚；这些措施能够令独立董事声誉激励机制有效发挥作用，促进独立董事对违规行为的有效监督。最后，在独立董事任免机制改进方面，指出当前中国上市公司独立董事任免机制问题亟待改进，有效任免机制的欠缺必将影响独立董事监督职能的发挥效果，并构建了不同任免机制条件下独立董事监督和大股东掏空的演化博弈模型，运用演化博弈方法分析了在当前任免机制和改进任免机制之后独立董事和大股东的策略选择过程，论证了在我国改进独立董事任免机制以提升独立董事监督效果的重要意义，研究结果表明：应选择证监会与上市公司共同选任独立董事的任免机制，由证监会建立独立董事人才储备库，主要负责选任提供监督职能的独立董事，上市公司则根据公司发展主要任命提供咨询服务、人力和资本输出以及战略职能的独立董事，证监会任命的这一部分独立董事在董事会上占半数以上的投票权；对于证监会任免的这一部分独立董事，证监会应做到对于不尽职监督独立董事清库以及对于尽职监督独立董事的重点选任，实现对独立董事的有效奖惩，这些措施能够有效改进独立董事任免机制，促进独立董事对违规行为的有效监督。最后，在提升独立董事履职能力促进独立董事监督效果方面，指出目前众多已有涉及独立董事监督的研究忽略了独立董事履职能力对其监督效果的影响，从这一角度出发，构建了独立董事拥有不同履职能力条件下是否尽职监督以及大股东是否进行掏空企业行为决策的演化博弈模型，从演化博弈的视角分析了独立董事具备不同履职能力条件下独立董事和大股东行为的策略选择过程，论证了不同咨询服务能力对于独立董事监督职能有效发挥的影响，研究结果表明：独立董事如果能够为公司治理过程提供有效的人力资本和社会资本方面的协助，具备高履职能力，则独立董事在对于大股东和内部控制人的掏空等违规行为投非赞成票后能够一定程度上防止非正常离职的情况发生；对于具备较低履职能力、难以提供公司治理有效建议的独立董事则很容易导致大股东等主体事后的针对行为，加大独立董事非正常离职的概率；得出独立董事履职能力对于其监督具有重要意义的研究结论，提出加强独立董事履职能力建设以促进独立董事监督效果的政策建议。

第四章，独立董事与监事会二元监督模式改进对独立董事监督效果的影响研究。为改进上市公司治理效果，我国建立了监事会和独立董事二元监督主体共存的监督治理模式，但目前来看二者并未形成监督合力，出现上市公司内部监督不足困境。如何打破困境，实现有效的二元监督至关重要。监事会和独立董事作为实现上市公司内部监督的两个主体，既相互联系又相互独立，本书依据演化博弈理论和公司治理理论，建立了关于监事会和独立董事二者监督激励的演化博弈模型，演绎了二者的策略选择过程，通过对二者的监督机理的分析，明晰了提升二者尽职程度的激励机制。研究表明，一方面我国应建立监事会问责机制，追究监事会监督不力之责，另一方面应令监事会成为实时监督独立董事尽职程度的主体，通过定期发布独立董事尽职程度披露报告，实现对独立董事的监管。这些措施可以同时提升监事会和独立董事的监督效果，令二者形成合力，进一步提升内部治理水平。

第五章，公司治理外部监督主体行为对独立董事监督效果的影响研究。首先，在发挥证监会的力量以促进独立董事监督方面，构建了独立董事尽职监督与否和大股东及内部人是否向独立董事刻意隐瞒公司治理真实信息的演化博弈模型，运用演化博弈方法分析了在当前信息获取难度较高和通过证监会发布相关措施改善独立董事信息获取程度后独立董事和大股东的策略选择过程，论证了在我国通过证监会指定相关措施保障独立董事信息获取以提升独立董事监督效果的重要意义。研究结果表明：应发挥证监会的力量，固定独立董事发布独立意见时强制披露独立意见依据的信息获取来源且强制独立董事出具信息来源的有力证据、令证监会对独立董事尽职与否以及对大股东和内部人隐瞒公司治理信息实施更具力度和更公正的赏罚原则、重视事前对大股东和内部人隐瞒信息行为进行披露这几个手段保障独立董事能够有效获取公司治理真实信息。这些措施能够有效改进独立董事监督“信息不对称”问题，促进独立董事对违规行为的有效监督。其次，在发挥好媒体外部监管力量以改进独立董事监督效果方面，通过梳理相关文献，发现鲜有文献从媒体监督出发，研究其对于独立董事监督和上市公司治理效果的影响，作为外部监督主体，媒体介入对于独立董事行为以及防范上市公司违规存在一定影响，笔者在对媒体监督、独立董事监管和公司治理相关理论进行整理的基础上，运用演化博弈方法，建立了媒体的外部监管或报道偏误对于独立董事监督大股东掏空行为影响的演化博弈模型，演绎了媒体的不同行为对独立董事监督过程中独立董事和大股东行为策略选择的影响过程，研究表明，一方面，媒体对于公司治理违规行为的有力披露和外部监督有利于独立董事监督效果的发挥，对独立董事的行为具有“惩恶扬善”的作用，但另一方面，媒体同上市公司利益集团的共谋行为或地方政府操控媒体产生的报道偏误不利于独立董事监督效果的发挥。为实现独立董事有效监督，提供公司治理水平，必须重视媒体这一外部监督主体的作用，使其提高独立董事监督效果的同时与独立董事内部监管形成合力，共同对上市公司的违规行为进行约束与控制。

第六章，结论与展望。本章对本书的结论进行了总结归纳，并对未来相关研究进行了展望。

二、技术路线

本书的研究采用规范研究与实证研究相结合的方法，首先，分析上市公司独立董事监督受到的个体激励因素，包括独立董事薪酬激励、声誉激励、任免机制以及履职能力差异对其监督产生的激励，全面分析改进独立董事监督效果的各种个体激励因素；其次，就同样为上市公司内部监督主体的监事会的监督与独立董事监督如何形成监督合力进行分析研究；最后，通过分析上市公司外部治理主体的证监会监督和媒体监管行为对独立董事监督产生的影响进行分析论述。本书的技术路线如图 1－2 所示。

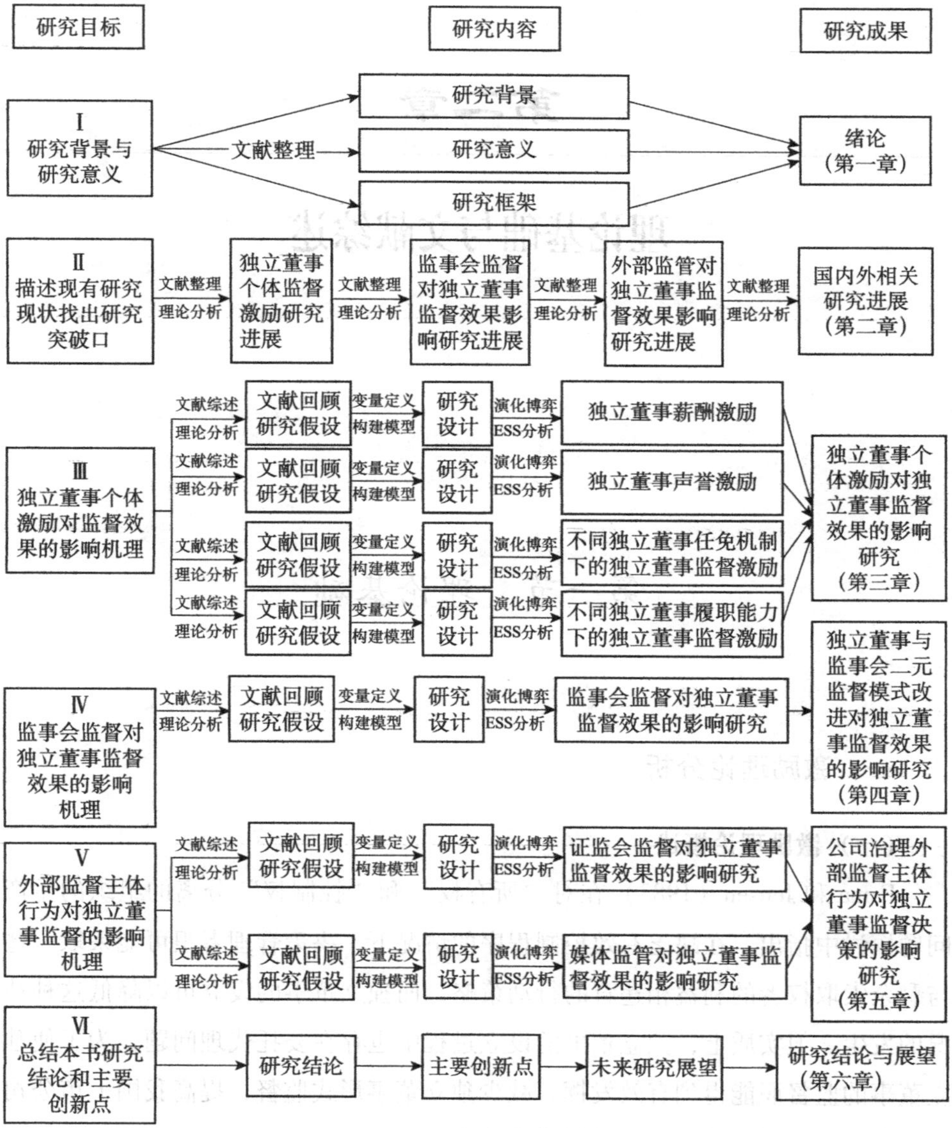

图 1－2 技术路线图

第二章

理论基础与文献综述

第一节　理论基础

一、激励理论分析

（一）激励理论概述

Fama 和 Jensen（1983）在对“所有权”和“控制权”分离的组织的生产问题探讨中指出，在缺乏有效控制程序的情况下，决策管理者很可能采取一些与剩余索取权者的利益相违背的行动策略，而独立董事的设立可以降低这种情况的发生。但实质上，独立董事的设立过程中也存在委托代理问题，为了使独立董事的监督职能得到有效发挥，减少独立董事形式监督，提高我国上市公司治理水平，需要对独立董事进行激励约束。

“激励”源于拉丁语中的“Movere”一词，代表“引发”的意思。目前，对于“激励”一词还没有统一的可被广泛接受的概念，比较具有代表性的界定包括以下几种：Kontz（1998）指出激励即激励和约束，激发产生行动，约束规范行为；徐永森和戴尚理（1991）指出激励可以分为广义和狭义两种，其中狭义的激励即激发，广义的激励指采取各种方式激发人的潜能完成期望目标；张德（1999）对激励的定义与徐永森和戴尚理对广义的激励定义类似，同样认为激励即调动行动主体积极性完成目标的过程；刘建军等（2001）在论述领导的艺术时指出激励即刺激需求、引发行动进而实现目标的过程。本书对激励的定义为：所有对独立董事监督效果产生影响的诸如薪酬、声誉等各类因素均视为对独立董事监督的激励。

对激励因素的研究可以追溯到马斯洛（Abraham Maslow，1954）的需求层次理论（Hierarchy of Needs Theory），该理论提出人的五种需要，即生理需要、安全需要、社会需要、尊重需要和自我实现需要，这一理论是激励因素的早期模式；Frederick Herzberg（1959）在双因素理论（Two－Factor Theory）中正式提出了激励因素，即人们所追求的内在回报，包括成就、认可、自治、个人成长机会和工作挑战等因素（Stephen 和 Robbins，2004）。目前，激励理论已经应用到经济学和管理学研究的各个领域，从应用激励理论进行个体行为研究的角度出发，Izumi Kubo（2002）通过对日本知识型员工激励情况的调查认为，货币激励、人力资源开发以及工作自治是三个关键激励因素；龚晓光等（2005）建立了研发人员个体激励定性模拟模型，通过模拟，其研究指出要使奖酬价值与研发绩效变化方向相同的同时，激发研发人员的自我实现需要才能更好地提升激励效果。程文等（2008）通过调研116名不同高校、不同学科领域的长江学者特聘教授和讲座教授，提出成就与挑战、个体成长、工作自治、认可和目标导向等五个高级研究人员自我激励因素，并构建了基于自我激励因素的个体激励模型。

行为科学家从人类的动机、行为和回报等多种角度探讨激励模式、研究激励理论，现阶段在理论方面影响较大、应用较广的理论，绝大多数都基于对分析客体需要、对需要进行实现以及对目标进行规划等基础之上，本书的研究主要从独立董事监督不同因素影响下的不同期望收益角度出发，分析激励独立董事群体实现尽职监督的有效途径；在激励措施上的探索，大体可分为个体激励、群体激励及组织激励三种类型，基于本书研究的范围和内容，主要对于独立董事群体以及群体内个体的激励及由此产生的演化动态进行研究。应用激励理论对独立董事的行为进行分析可以发现，独立董事监督激励可以从以下方面出发：

第一，物质激励。经济学十大原理之一为“人们会对激励做出反应”[①]（N. Gregory Mankiw，2009），物质激励是对经济主体行为进行激励的主要手段，无可否认，独立董事行为会受物质激励的影响。英美等国拥有相对完善的公司治理体制和独立董事物质激励手段，独立董事往往持有公司股票和债券等，其能够获得的薪金直接与独立董事工作绩效和是否尽职挂钩，尽职工作、能够提升公司绩效的独立董事能够得到较高的物质回报，反之则可能会影响之后的独立董事生涯，失去再次任职获取薪酬的机会；我国相对而言独立董事物质激励还不完善，目前独立董事物质激励主要为固定薪酬，独立董事的物质激励并不与公司绩效和独立董事尽职程度相关，众多学者对独立董事薪酬进行了研究（董志强等，2006；郑志刚等，2017；张天舒等，2018），相关研究明确了独立董事薪酬激励对独立监督的重要意义。

第二，声誉激励。所谓声誉，是个人或组织获得的社会对他的认同和赞誉，独立董事必定会受到声誉激励的影响，独立董事的就职者往往为在某一领域或行业的专家，具备较高的社会地位和声誉，即使不兼任独立董事，也已拥有较高的物质生活水平；根据激励理论，在生存需求等低层次需求得到满足的情况下，主体会更关注自己的心理需求和自我实现需求，即独立董事会更关注独立董事这一工作为其带来的成就感和自豪感以及赢得的声誉，所以，声誉激励能够使独立董事主动约束自身行为，有效履行监督职责以维护中小股东利益。我国学者对独立董事声誉的研究证实了独立董事声誉激励对其监督行为的重要意义（唐清泉，2005；宁向东等，2012；周泽将等，2015）。

第三，其他激励。本书认为，独立董事监督激励的范围涵盖广泛，凡是能够影响独立董事监督决策和监督效果的因素，均可以视为对独立董事的激励。从这一范围出发，独立董事监督不仅会受到前一部分提及的独立董事薪酬、声

---

① N. Gregory Mankiw 著，梁小民译：《经济学原理》（2009 年）。

誉激励影响，还会受到独立董事任免机制（郑春美等，2011；李海健，2006）、履职能力（Wesley 和 Vidal，2010；Huang 等，2016；Miletkov 等，2017）以及同为上市公司内部监督主体的监事会行为的影响（何孝星，2001；缪艳娟，2003；白重恩等，2006），此外，外部媒体对于公司治理信息的违规披露以及外部监管也会影响独立董事的监督决策和监督效果（李焰，2011），证监会作为外部监管主体的监管（宁向东等，2012；辛清泉等，2013；QGAN，2017）、独立董事在履职过程中公司治理信息获取难度高低（宁向东等，2012；张晓东，2015）、独立董事责任险的配备（李俊成等，2016）等其他因素也会对独立董事监督效果产生不同影响。本书将这些影响独立董事监督效果的因素均视为对独立董事的监督激励，并分别对这些方面进行分析，以考察各不同因素对独立董事监督产生的不同激励效果，最终得出激励独立董事尽职监督、改进独立董事监督效果的方式。

这里值得指出的是，上市公司违规行为来自大股东掏空为自身牟利和管理者败德行为，这类行为只占公司决策中的小部分，滋生于众多利益相关主体中的小部分，独立董事对其进行监督，既有利于大多数股东为公司长远发展收获长远利益的需求，也满足了中小股东和机构投资者的利益需求，从这一点分析，独立董事的监督应该是有力量的，也应是有效率的，因此，应考虑如何激励独立董事的行为以实现有效监督，而非任由独立董事制度这一本应具备监督效果的制度沦为“形式董事”。独立董事的监督行为既能代表中小股东利益，同时又符合大多数大股东和管理者也期望公司能够长远发展的预期，所以独立董事尽职监督行为实质上只是危及期望掏空公司的大股东和只为自身牟利的管理者的私人利益，独立董事的尽职监督行为是能够获得绝大多数公司治理主体支持、也能够逐步发展为一种有效的监督违规行为的手段，以上因素也是独立董事监督机制存在的基础。

（二）影响独立董事监督效果的激励因素

1. 独立董事个体监督激励

第一，任免机制对独立董事监督的影响。

在独立董事任免机制会对独立董事监督效果产生影响方面，众多学者对此进行了研究：Fama（1983）指出独立董事的制度设计存在着“天生”的悖论，雇佣独立董事的主体和被独立董事监督的主体均为大股东和内部人，这必定损害独立董事独立性，甚至导致独立董事市场“劣币驱逐良币”现象的发生。李海舰和魏恒（2006）的研究同样指出：在我国的实践中，独立董事的任免、考核均受制于大股东或公司管理层，因此独立董事监督往往受制于人，难以维护中小股东利益。郑春美等（2011）通过实证研究指出，中国证监会应该适当修改《指导意见》的相关规定，改进上市公司独立董事的选聘制度以保证独立董事的独立性，促进独立董事监督效果。他们的研究均指出独立董事的独立性由于其任免机制存在缺陷而不能得到有效保证。

第二，公司治理信息获取对独立董事监督的影响。

在独立董事信息获取难度对独立董事监督会产生影响方面，已有学者进行了众多相关研究：刘浩等（2012）的研究指出，我国上市公司独立董事所需要的信息主要由大股东和内部人提供，在目前由于信息披露程度有限，独立董事的监督作用难以履行；宁向东等（2012）指出，控股股东对董事会的信息隐瞒会降低独立董事勤勉度，不利于其监督职能的发挥；张晓东（2015）在其研究中指出，独立董事信息环境对其监督有效性至关重要，只有在良好的信息环境下独立董事才能够有效行使监督权力。他们的研究均指出我国独立董事有时往往很难获取公司治理的有效信息，而获取有效的公司治理信息对于独立董事发挥监督职能具有重要意义。

第三，独立董事声誉对独立董事监督的影响。

在英、美等国，独立董事的候选人可以由中介机构推荐，中介机构通常有完整的独立董事资料，如果独立董事在之前任职过程中存在未尽职监督的情形，导致公司经营决策侵害了中小股东和外部投资者的利益，在中介机构的备案中就会进行详细记录，从此跟随独立董事的从业生涯。这种制度设计给独立董事的行为带来了很大的约束作用，使得声誉激励约束独立董事的行为。而职业经理人市场的存在也为聘任独立董事的公司提供了很好的选择平台和全面的信息，激励独立董事更尽职。此外，英美两国的独立董事任职者绝大多数都具备高声望、更注重社会价值和社会地位、自我约束力比较强的特点，他们对内部人的监督十分积极，某种程度上抑制了独立董事与内部人合谋现象滋生。相关研究证实，独立董事的声誉资本越高，积极维护并提升声誉资本的动力越强，受到违规处罚的负面影响也会越大（DeAngelo，1981）。

在我国，相关研究同样证实，独立董事声誉会对独立董事监督决策产生影响，独立董事的任职主体往往为在某一领域相对成功或较具影响力的专业人士（谭劲松等，2003），如果因为兼职独立董事而声誉受损，则任职独立董事得不偿失（宁向东等，2012），良好的声誉能够促进独立董事社会地位的提高，对其个人职业生涯起到良好的促进作用，同时能够约束独立董事的行为，如果独立董事同大股东或管理层共谋而损害外部投资者利益，会影响独立董事的职业生涯（蒋大兴，2003）；周泽将等（2015）的研究指出：声誉机制是独立董事制度运行的重要基础，通过采用沪深两市 A 股 2005—2011 年间的独立董事违规处罚事件进行研究，表明我国独立董事的市场声誉机制已经在一定程度上呈现弱有效性。

本书认为，在我国，由于还没有完善的独立董事人才市场，现实中独立董事的不尽职行为往往不会受到声誉损失（陈艳，2009；宁向东等，2012；Hong Zhou 等，2017）；即使不对违规行为和关联交易出具否定意见进行制止，独立董事从此不再担任独立董事，也对其正常的个人职业生涯和生活不会带来太大的影响（陈艳，2009；李焰，2011）——所以很多独立董事往往仅仅是“挂名”董事和“花瓶”董事。这一问题应该在独立董事选拔确定时就加以考虑，降低“花瓶”董事可能出现的比例，选拔出能够尽职的独立董事担任这一职位；最好的办法是能够逐步建立中国的独立董事人才选聘市场，建立全面的独立董事的尽职档案，发挥声誉机制的作用，使尽职独立董事能够获得更多收益，不尽职的独立董事也能够受到惩戒。

第四，独立董事责任险对独立董事监督的影响。

独立董事责任险对独立董事监督产生影响方面的文献极少，比较代表性的包括李俊成、唐国梅（2016）的研究，他们的研究指出：独立董事责任险的存在使得在诉讼纠纷发生时，保险公司为尽职的独立董事支付抗辩所需的有关法律费用，同时代独立董事承担民事赔偿责任，这一制度的设立能够打破独立董事对管理层的依附，帮助独立董事督促公司管理层尽职。然而，关于其研究，本书认为：通过研究独立董事责任险对其有效监督的影响，文章的实证研究实际上得出了自相矛盾的结论，文中指出为独立董事购买责任险在抑制大股东掏空和减少违规的同时，反而会给上市公司绩效带来负面影响，理论上和实际上这一点均无可能，因为如果能够减少大股东掏空等违规，那么应该会对公司业绩产生正面影响；文章说明了独立董事责任保险能够令其有效地监督管理层，同时也说明了独立董事保险和公司绩效的负面关系，这一点是自相矛盾的，甚至可以说一定程度上佐证了独立董事责任险不利于有效监督的观点。正如凌士显等（2020）通过实证研究证实的，董事责任保险的引入、保险金额提高均将显著降低独立董事的勤勉度，引发独立董事机会主义行为。

对比美国独立董事保险制度设立目的可以发现，其为独立董事配备保险的初衷和我国不同，我国独立董事责任险是为当独立董事遭遇法律诉讼时为尽职监督的独立董事减轻处罚而设立的，而美国独立董事保险设立的目的是防止独立董事在遭遇管理层的诉讼时无力承担抗辩费用、抑制独立董事在监督时畏惧管理层诉讼而不能尽职监督的情形，二者的设立目标不同；在美国，由于没有大的控股股东的存在，独立董事的职责更多是被股东委托实现监督管理层，因而独立董事保险的设立能够避免独立董事畏惧管理层的诉讼产生的诉讼费用，进而有力维护股东权益；而我国独立董事的设立则反而使得独立董事在遭遇处罚时减轻或免于处罚，在当前独立董事尽职程度往往难以有效衡量的情况下，独立董事责任险的设立很可能使得独立董事倾向于形式监督，失去监督效果。所以，本书认为，当前我国独立董事责任险的设立很可能是一种对独立董事尽职监督的反向激励。

第五，独立董事薪酬激励对独立董事监督的影响。

在独立董事薪酬激励对其监督产生影响方面，董志强等（2006）的研究建立了一个全体股东、独立董事、大股东三层代理模型，详细分析了公司治理中各相关主体的互动博弈过程及结果，其研究指出：当独立董事与公司大股东合谋概率较小或投资者法律保护水平较高的时候，可以对独立董事支付固定报酬，反之，如果独立董事合谋概率较大且法律对投资者保护水平较低，要维护全体股东的利益就有必要对独立董事支付激励报酬；郑志刚等（2017）的研究指出：以往的公司治理研究更多关注经理人的薪酬制定问题，对独立董事的薪酬制定问题并没有给予应有的重视，通过实证研究发现：高的独立董事薪酬水平能够显著改善上市公司绩效，促进独立董事履行监督职能；张天舒

（2018）利用2003—2013年上市公司数据，基于独立董事薪酬视角对其治理效用的发挥进行了考察，结果显示，过低的薪酬降低了独立董事参加董事会会议的意愿，而过高的薪酬造成独立董事更不会对董事会议案提出异议。他们的研究为独立董事的报酬机制设计提供了新的视角和借鉴，为独立董事薪酬如何设计提供了参考。

我国独立董事薪酬结构比较单一，只有固定数额的薪酬以及比例很少的参会津贴，效果十分有限，因为固定薪酬不会随独立董事的表现而变化，缺乏在物质上对独立董事的激励作用。而英美等国独立董事物质激励中的股权激励和期权激励方式则一定程度上实现了对独立董事的有效物质激励，因为独立董事如果不关注公司的长期发展，则公司很难获得良好绩效，反映在资本市场上的股票价格也会相对较低，独立董事的收益也不能实现最大化。目前美国独立董事的薪酬组合构成主要包括现金薪酬、股权报酬，Gerety等（2001），Linn和Martin（1998）以及Fich和Shivdasani（2006）的研究均发现对独立董事实施股权激励薪酬计划后公司的证券市场价值得到提升，一定程度上证实了独立董事实施股权激励有利于激励独立董事更尽职的观点。

国内很多文献在研究中的细枝末节处提及独立董事的变动薪酬激励效应在我国很可能存在，但鲜少有研究者对此问题进行过详尽深入的研究，在国外，独立董事具有较好的薪酬激励效应，而在中国的公司治理环境下，薪酬激励效应对于独立董事的监督究竟存在正的影响还是负的影响呢？会是一种较好的激励独立董事有效监督的手段吗？本书认为，应该令独立董事的薪酬和中小股东的股权所得收益实现同增同减，以此来激励独立董事实现监督效果。毫无疑问，独立董事需要监督的对象显然是大股东掏空、管理层为自身牟利等危害公司长远利益和发展的行为，如果独立董事的报酬能够实现和中小股东同升同降，则其对这些行为进行抑制有一定的激励作用，而如果只有固定薪酬则很难抑制对独立董事产生和中小股东“同进退”的激励。

第六，独立董事履职能力对独立董事监督的影响。

我国对于独立董事人力资本和社会资本能够提升公司治理绩效的研究成果比较丰富，但对于独立董事人力资本和社会资本拥有数量不同对其监督职能发挥产生影响的研究却鲜少涉及，其中，仅有高凤莲等（2016）利用二阶最小二乘法，以2006—2013年沪深上市公司为样本进行了实证研究，其研究论证了独立董事社会资本对于控制公司内部委托代理成本和抑制公司管理者和控股股东的逆向选择及道德风险问题，对这一问题进行了一定程度上的探索和分析，具有较高的理论和现实意义——然而，其研究缺乏系统性和全面性，其仅仅论证了这一影响的存在性和不可忽视性，并未详尽论述这一影响的产生过程、作用机理、发展方向和控制方式，这就为本书提供了研究空间。

相比之国内研究文献的稀缺性，国外关于独立董事个人履职能力有利于提升其监督效果和治理效果方面则有相对丰富的研究。较有代表性的研究包括：首先，Granovetter（1985）应用嵌入性理论，指出在中国“关系型”社会的背景下，独立董事能够利用其社会资本协助公司治理。独立董事的社会资本能够同时令独立董事同内部人建立良好联系以及获取更多有关公司治理的“内部信息”，更好实现监督职能（Shleifer和Vishny，1997；La Pona等，1999）。大量的国外学者研究同样证实了这一论点，即独立董事具备越高的社会资本，则越容易获取更多有关公司治理的内部信息，进而更有力地监督管理者的违规行为。例如Wesley和Vidal（2010），Bertoni和Randone（2006）的研究证实了独立董事的社会资本高低同其获取公司治理内部信息之间的关系，他们的研究指出：独立董事拥有的社会资本越丰富，则越能在董事会中形成以其为中心的有效制衡管理者的有力量“隐蔽”团体，防止独立董事信息获取难度大、监督无力的现象，有力促进独立董事及时获取管理者违规信息，实现事前监督。Kim（2005）通过对于韩国上市公司的研究指出：独立董事拥有的高社会资本可以增强其独立性，进而有效监督管理者。从以上学者的分析均可以发现：独立董事拥有的社会资本越高，越能令其广开言路，有效监督管理者，减轻委托代理问题产生的危害。然后，国外学者的研究指出，独立董事的履职能力和专业性对于实现其监督职能和有效治理至关重要。Huang等（2016）的研究指出：具备高履职能力的独立董事能够在董事会运行过程中积极发挥治理作用，例如拥有会计专业技能的独立董事能够及时发现企业管理过程中出现的风险，而低履职能力也会直接导致独立董事监督能力不强和治理作用微弱的现象出现。Adams等（2010）的研究同样说明了独立董事缺乏专有的会计经验和法律知识给其实现监督职能带来了巨大的阻力。Miletkov等（2017）的研究则证实独立董事如果拥有较强的专业能力、工作技巧和沟通技能，能够有效实现监督职能。

2. 监事会行为对独立董事监督的影响分析

我国上市公司治理在监督主体配置上是一种独特的二元监督结构，实现监督的主体既包括监事会，又包含独立董事。关于二者监督会产生相互影响方面，众多学者对之进行了相关研究：缪艳娟（2003）的研究指出：我国上市公司监事会监督不力已成事实，应防止监事会与独立董事监督机制的作用互相重叠；白重恩等（2005）指出：权利不清、职责不明让独立董事与监事会之间产生搭便车心理，令本该实现的监督变得软弱无力；韩钢和李随成（2006）指出：我国独立董事制度建立于董事会与监事会并存的二元制度之上，独立董事与监事会的职权存在明显的重叠，严格权责界定的缺失令独立董事监督效果偏弱；何孝星（2001）的研究则指出，独立董事和监事会在监督中具备不同的监督作用，独立董事更容易实现内部监督、决策过程监督以及事前监督，监事会更擅长外部监督、事后监督以及日常监督，应该发挥二者监督的互补作用，同时令其二者互相监督，令其共同为公司治理的监督机制添砖加瓦。以上研究明确了防止独立董事和监事会职能重叠以及发挥好二者监督合力的重要作用。

3. 公司外部其他主体对独立董事监督的影响

第一，证监会监管对独立董事监督的影响。

中国证券市场逐步规范，证监会对上市公司违规行为的处罚机制也日趋完善，独立董事承担着对董事会错误决策的连带责任，近年来独立董事因未尽职受到监管处罚的现象时有发生。辛清泉等（2013）研究表明，2003 年至 2010 年，中国沪、深 A 股市场共有 302 名独立董事因任职公司虚假陈述而受到连带责任处罚；Quan 等（2017）研究结果表明，2003—2013 年中国沪、深 A 股主板市场共有 458 名独立董事因任职公司实施信息披露类违规而受到证监会或交易所的处罚。

证监会的外部监管对独立董事发挥监督作用至关重要：宁向东等（2012）的研究指出，证监会提升监管力度能够促进独立董事提升监督诚信度和勤勉度，提升独立董事监督效果；辛清泉等（2013）通过实证研究表明，证监会和交易所的监管处罚在约束独立董事行为方面十分重要，能够一定程度上促进独立董事发挥监管作用，独立董事失职行为由于证监会的监管很难逃脱连带责任处罚。以上研究证实，证监会的外部监管行为会对独立董事监督产生重要影响。

第二，媒体外部监管对独立董事监督的影响。

目前，国内外对于媒体监督对独立董事监督产生影响的相关研究极少，其中较有代表性的包括李焰等（2011）对媒体负面报道与独立董事辞职行为的相关性进行了验证，文章指出了媒体的负面报道会令独立董事辞职的概率提高，研究验证了媒体的监督会在一定程度上激发独立董事的监督行为。虽然研究媒体外部监管对独立董事监督影响的文献较少，但越来越多的研究证实了媒体行为对于公司治理必然存在影响（Allen 等，2005；郑志刚，2007；李培功等，2013）。

一方面，媒体监督可以有效缓解信息不对称程度，从而使得各类公司治理信息在独立董事、外部中小股东和大股东、内部管理者之间更为明晰，有利于独立董事尽职监管和公司治理水平提升。这种情况下如果独立董事遭遇大股东或内部管理者的刻意排挤甚至令其被迫离职的行为，那么由于独立董事能够借助媒体的信息披露和其他公司治理参与主体的声援获得舆论方面的支持，必定能够令其更坚定地监督大股东和管理者的违规。同时，考虑到媒体曝光可能带来的舆论威慑和声誉损失方面的因素，大股东和内部管理者的刻意排挤甚至令其被迫离职的行为则会在一定程度上收敛。此外，媒体监督引发的声誉机制和行政介入会令大股东和内部管理者的违规行为受到惩罚的概率和程度提升，进而约束其违规行为，同时也会令不尽职的独立董事受到的惩罚程度和惩罚概率提高，进而促进独立董事实现监督职能。另一方面，由于媒体出于自利性或共谋等行为而产生报道偏误后会失去舆论监督能力，失去公众对其所发布信息的信任程度，那么其发布的相关公司治理的负面信息及披露的违规行为在中小投资者及公众眼中会变得“不可信”，媒体报道的“不可信”带来的直接后果为大股东和内部管理者的违规行为更猖獗，因为媒体监督的缺失会令大股东和管理者受到惩罚的概率和程度降低。这种情况下，媒体的“不可信”也会对独立董事的监督产生影响，失去舆论声援也会令独立董事尽职监督可能遭遇的来自大股东和内部管理者的排挤程度更为严重（Dewally 和 Peck，2010；Cotter 等，1997；唐雪松等，2010），同时独立董事的不尽职监督行为由于缺乏媒体的舆论监督也会愈发普遍。以上分析证实，媒体的外部监管行为必定会对独立董事监督产生影响。

4. 公司治理大环境对独立董事监督的影响

此外，独立董事监督也会受到外部公司治理大环境的影响，公司治理的外部治理环境主要包括法治水平、市场竞争、政府治理等，没有良好的外部治理环境，公司治理的内外部治理机制很难发挥作用（Pona 等，1999；李维安等，2009；夏立军等，2005）。根据 Porta 等（1999）的观点，当一个地区的法律对投资者的保护程度较弱时，上市公司股权集中度更高，大股东对中小股东的利益侵占行为将更为普遍，此时独立董事个体发声质疑违法违规的可能性将更低，因而，市场化程度较高的地区能够为独立董事发挥监督作用提供更好的外部环境。

二、演化博弈理论分析

（一）演化博弈论概述

冯·诺依曼和奥斯卡·摩根斯坦合著的《博弈论与经济行为》为博弈论发展奠定了理论基础，随着纳什“纳什均衡”的提出、泽尔腾“颤抖手均衡”等理论在理论与实践应用方面的不断丰富完善，博弈论得以在计算机、经济、管理等各学科领域应用发展。博弈论的主要研究对象为博弈中各参与主体的决策以及对决策的均衡结果进行分析，以期解释或改进均衡结果。在传统博弈论假设中，人被假定为在完全理性、完全信息条件下展开博弈，然后各参与方根据自身的成本收益决定最终的策略选择。完全理性和完全信息两个条件假设可以说极为“苛刻”，因为这两个假设要求博弈参与主体是“全知全能”的：既要求参与主体拥有追求利益最大化的理性思维，又要求主体掌握所有关于博弈的全部“共同知识”。这两个条件同时也令博弈还未开始就已经注定了博弈结果。

传统博弈论由于其完全理性假设而广受诟病，因为现实经济生活中参与主体完全理性的假设条件几乎无实现的可能性。众多专家对于传统经济研究中的理性假设前提进行了批判，随着西蒙（Simon，1947）正式对有限理性假设进行定义、阿罗（Arrow，1951）提出有限理性（bounded Rationality）概念、威廉姆森（Williamson，1979）和凡勃仑（Veblen，1981）对经济人完全理性假设的驳斥，越来越多的学者开始在研究经济问题时将“有限理性”假设作为研究基础。此外，传统博弈理论的分析对象为个体间博弈或具有同质特点的群体间博弈，如果群体内个体是不同质的，那么将无法进行分析，传统博弈理论的这两个局限性使得演化博弈理论应运而生，演化博弈理论的分析对象是有限理性的群体决策以及群体行为的策略选择过程，对有限理性群体行为的刻画具有极高的适用性，根据不同的动态模仿过程，参与者通过模仿具有更高收益的策略，最终采取各种策略的群体比例达到均衡状态，研究中主要涉及演化稳定策略（ESS）等均衡概念。演化博弈理论及其研究方法因在分析问题时采用有限理性假设为研究前提，拓宽了博弈论的研究范围，同时对分析群体决策问题具有更好的适用性而备受推崇。

（二）演化博弈论的产生与发展

早在1930年，费雪（Fisher，1930）的研究阐释哺乳动物性别比为何接近1∶1现象时指出，一旦种群中一方性别的比例超过另一方，那么数量较少的一方就能够获得更好的适应度，进而在未来增加种群中的比例，正是演化的力量导致两种性别数量趋于一致；之后，纳什（Nash，1950）提出“群体行为解释”概念，他认为即使参与者并非拥有全知全能，但只要能够通过学习模仿，判断出各策略是否为优势策略，那么也能实现纳什均衡。他们的思想为演化博弈论的产生提供了思想源泉。在之后的研究中，演化博弈理论随着Smith和Price（1973）提出演化稳定策略（ESS）的演化博弈核心概念而诞生，之后由于Taylor和Jonker（1978）提出了“复制者动态”概念以及构建复制动态方程对群体状态的动态收敛过程进行刻画，演化博弈理论体系得以初步形成。1980年后，演化博弈论在生物学领域的应用取得了大量突出成果，同时，经济学界由于对有限理性研究假设认同度提升以及完全理性假设缺陷的认知增强，大量学者开始利用演化博弈理论对现实经济问题进行分析。众多学者对这一理论的现实应用和体系完善做出了大量贡献，其中，Sigmund和Nowak（1999）的相关研究证实了演化博弈理论对于经济问题的刻画具备更好的现实解释能力；

Tuyls（2005）首次系统提出了演化博弈论分析框架；黄凯南（2009）则对演化博弈理论的最核心概念 ESS 进行了证明；McNamara 和 Weissing（2010）将演化博弈方之间的博弈拓展到非对称博弈，极大地拓宽了对现实问题的分析范围。之后，越来越多的学者运用演化博弈理论分析现实经济问题，研究范围涵盖制度变迁、产业结构调整、公司治理等多个领域。

（三）国内关注与应用

国内学者研究演化博弈理论的起步较晚，2000 年开始才有相关学者对这一理论进行研究，之后陆续有学者使用这一方法对经济、社会、政治等领域的问题进行分析，总体来说，对演化博弈方法的研究和应用在国内仍处于一个崭新的阶段，但演化博弈方法因摆脱了传统博弈理论严苛的假设条件、拓宽了传统博弈理论的研究范围以及具备对现实问题更好的描述说明效果而备受专家学者们的推崇。在演化博弈理论被引入我国初期，学者们的研究主要集中于对相关理论进行介绍、思想加以阐述以及应用范围进行探讨方面，其中，张良桥等（2001）介绍了演化博弈理论的基本内容及其与传统博弈论的异同；谢识予（2001）介绍了演化博弈论的思想、分析框架以及其理论价值与实践价值；黄凯南（2003）揭示了演化博弈在演化分析中的重要价值及分析的局限性；方齐云（2005）对不同情境下的演化稳定策略（ESS）概念以及复制、模仿等动态模型进行了详细阐述。演化博弈理论已从最初仅应用于生物学领域，到逐步被广泛应用于经济、社会、政治等诸多学科领域，并取得了众多研究成果和突破。例如，易余胤等（2005）、张芳等（2011）、李北伟等（2013）众多学者分别利用演化博弈方法，研究了包括企业间信任约束机制、社会动态网络新模型以及企业物流管理等问题，他们的研究在更好解决这些现实问题的同时拓宽了演化博弈的应用范围。

（四）演化博弈论应用于独立董事激励的理论依据

在使用演化博弈研究上市公司治理和监管问题方面，已有很多学者进行了相关研究，他们的研究一定程度上证实了演化博弈方法对于公司治理领域和监管问题的适用性。首先，在应用演化博弈方法研究公司治理方面，刘汉民等（2013）的研究指出，公司治理路径演化是由行动主体、行动客体以及外部环境共同决定的复杂过程，其研究探讨了不同阶段影响公司治理路径演化和选择的主要因素，构建了公司治理的演化博弈模型，并就模型结论进行了数值模拟；关于将演化博弈方法应用于公司治理过程中对利益相关主体进行监督方面，段永传（2018）从董事会、管理层、监事会的风险认知、行为选择入手，基于演化博弈论建立了国有企业治理结构多群体行为演化模型，探讨多群体行为的演化稳定策略、演化趋势和演化路径影响因素，通过分析参与主体的博弈演化稳定策略和仿真模拟，发现国有企业董事会成员、经理人和监事会成员行为演化具有明显的路径依赖特征，他们的研究证实了公司治理过程中存在的演化特征。然后，关于演化博弈应用于监督过程进行研究方面，俞林等（2015）采取演化博弈的方法探讨了网贷行业中各参与方之间的博弈，探讨了博弈中演化稳定策略存在的条件。刘伟等（2017）采用演化博弈的方法针对互联网金融平台的监管进行了研究，指出由于互联网金融平台与监管机构之间的利益不一致，使得双方的博弈可能并不存在 ESS 策略；马草原等（2020）的研究同样证实了演化博弈方法在金融监管过程中的重要意义。

本书对独立董事监督过程中存在的监督问题进行研究时，主要考虑到作为监督主体的独立董事和被监督主体的大股东及内部人以及其他对这一监督过程构成影响的监事会、证监会、媒体均为有限理性的群体，各个主体在互动过程中策略的形成和变化都不是一蹴而就的，而是一个不断演化、不断学习的过程，所以，本书选取演化博弈方法而非传统博弈理论对独立董事监督问题进行研究。无可否认，独立董事的监督过程是一个动态、不断演化的过程，独立董事个体会根据实时的成本收益进行相机抉择，而尽职尽责监督还是敷衍塞责也是一个不断调整、独立董事群体内个体之间彼此学习的动态过程。

通过对众多任职或曾经任职独立董事主体的述职报告进行整理分析发现，发生在我国独立董事监督实践过程中的是：入职独立董事的群体初始状态下都以尽职监督为行动策略，但在不断的演化过程中，由于尽职监督的独立董事不仅失去了独立董事的工作和其薪酬，也令其在再次进入独立董事行业时成为不受欢迎的“不听话”董事，从而失去更多的独立董事任职机会；之后，独立董事群体中开始有一部分改变策略，选择敷衍塞责的行动策略，甚至经过演化的进行，独立董事群体中这一部分个体的数量越来越多，直至充满整个种群。随着公司治理过程中各利益相关主体博弈行为的演化同时伴随公司治理外部监管环境的变化，独立董事群体究竟是向尽职监督演化，还是向敷衍塞责的方向演化？如何通过政策或机制控制这一过程以促进独立董事尽职监督？已有文献没有进行过这一方面的系统研究，而对有限理性群体的演化过程进行分析，演化方向进行研究和改进正是演化博弈分析方法所主要研究的，所以，本书使用演化博弈的研究方法。当前我国公司治理过程中独立董事监督效果较弱的情形可以用演化博弈加以刻画，通过对这一过程进行分析模拟以及相关演化结果进行研究，可以就独立董事有效监督这一有利的演化状态如何逐渐达成进行分情况讨论以及演化模拟，对任意可能出现的变化过程进行研究。

基于独立董事监督过程中各利益相关主体的有限理性群体特点，考虑到监督机制的动态性及各博弈方的能动性对最终监督效果的影响，本书建立演化博弈分析模型，对独立董事监督过程进行演化博弈分析。目前国内外文献关于公司治理过程中多群体的行为分析不够细致，没有对不同情景下各利益的主体之间的博弈行为进行逐个分析；从研究方法上看，现有对公司治理中利益相关主体互动过程的研究多是在委托—代理的框架下，建立静态博弈模型，未对上市公司治理过程中利益相关主体的群体行为演化趋势做出讨论，缺乏对独立董事、经理层和大股东以及监事会、证监会等群体在相互博弈过程中出现的动态演化过程的考察，鲜有从演化的视角研究独立董事、大股东和管理层、证监会、监事会行为的演化过程、演化路径和演化规律，这也就为本书提供了研究空间。同时，对于独立董事、经理层和大股东、监事会、证监会行为演化过程和演化规律，传统的委托—代理模型、制度经济学模型已经不能给出充分的描述和机理解释，迫切需要一种能够研究这些主体代表的群体行为怎样源起、如何变异、怎样选择的理论，而演化博弈论正好满足这一要求（路璐等，2017）。

另外，本书之所以使用演化博弈方法，一方面因为演化博弈适合描述有限理性群体的选择决策问题，演化博弈侧重于研究激励演化群体行为的变量变动对群体演化方向的影响问题，同时，也由于群体互动过程中独立董事声誉、独立董事任职成本、证监会对上市公司违法行为查处概率等指标不容易衡量，也不易具体以计量经济学指标进行衡量，所以，考虑到本书研究的基础为有限理性群体行为博弈问题以及不同有限理性群体的演化方向分析及改进问题，所以本书并未用计量经济学的方法而是用演化博弈方法对这一问题进行研究。

这里需要补充的一点是：以演化博弈分析各类实际问题目前主要存在三种研究角度，一是传统的角度，是以这一方法分析变量间关系进行群体演化动态分析，另一种是对这一方法做出了关于理论或模型的创新，使之更适用于实践分析，第三种是通过使用这一方法获得了某些新观点、新角度、新论题，本书虽然未能对传统演化博弈分析框架及相关理论进行创新，但通过这一方法对所研究问题的各变量如何影响群体的演化方向进行了研究，同时得出了改进独立董事监督问题的新角度，提出了新的研究命题并进行了论证。

第二节　文献综述

一、独立董事监督个体激励的相关研究

（一）独立董事声誉激励研究现状

为缓解大股东掏空等损害中小股东利益的违规现象，独立董事制度被引入我国，然而，实践证明，我国独立董事未能有效实现监督效果（唐雪松等，2010；叶康涛等，2011；宁向东等，2012）。关于独立董事未能有效实现监督效果的研究以及相关研究角度涵盖多方面，但众多已有研究指出，独立董事这一群体发挥监督作用最主要的方式为声誉机制。Fama 和 Jensen（1983）在《所有权和控制权的分离》一文中最早提出了独立董事声誉的概念及其重要性；他们提出一个理论假设，即“独立董事存在动机去发展自己作为决策控制专家的声誉”，这就是著名的“声誉假设”，他们认为独立董事对于“专家声誉”的追求是独立董事制度得以存在和发生作用的根本；外部声誉市场的存在是约束独立董事行为的重要基础（Fama，1980）。我国学者的研究同样指出，独立董事有效发挥公司治理作用往往依赖于声誉机制（唐清泉等，2006；谭劲松等，2006；周繁等，2008）；独立董事“跳槽”考虑的主要是上市公司知名度和任职风险等声誉因素，而不是薪酬收入和现实成本因素（周繁等，

2008）；陈艳（2009）的研究同样证实，独立董事物质激励相比声誉激励效果有限，因为独立董事往往具备较高的物质基础；宁向东等（2012）则通过理论模型证实了独立董事能够勤勉监督离不开声誉的激励作用。

然而，事实上，我国独立董事声誉激励机制并未能有效发挥促进独立董事监督效果的作用，虽然少部分研究围绕独立董事声誉有助于降低上市公司盈余质量（黄海杰等，2016）和股票崩盘风险（Sila 等，2017；杜剑等，2019）肯定了我国独立董事声誉机制对于提升独立董事治理效果的正向影响；但大多数研究证实，当前我国独立董事尽职监督的声誉激励机制较弱，相关文献验证了这一问题的存在性以及严峻性：陈艳等（2009）的研究指出，我国独立董事的劳动力市场缺乏有效性，声誉激励只能够促使独立董事避开公开违规事件，却不能激励独立董事更好地履行监管职责；李焰等（2011）的研究同样证实，独立董事在面对媒体对其所在上市公司的负面报道时往往通过辞职而非改进上市公司治理来维护自身声誉；宁向东等（2012）的研究指出我国目前还未能建立有效的独立董事声誉机制激励；我国作为新兴市场，由于独立董事声誉机制并不健全，并不能对企业进行有效监督治理（Hong Zhou，2017），他们的研究均证实了我国独立董事声誉机制未能有效促进独立董事监督。另有研究指出，作为选聘独立董事主体的大股东对于独立董事是否尽职监督具有不同的偏好，倾向于侵害中小股东利益的大股东往往偏爱宽松监督的独立董事，反之则偏好具有良好咨询声誉和严格监督声誉的独立董事（刘浩等，2013；刘浩等，2014），这一情形进一步阻碍了独立董事声誉对于其尽职监督的促进作用。

相比我国还未能建立有效的独立董事声誉激励，国外独立董事则拥有有效的独立董事市场机制，这一机制使得独立董事声誉机制发挥了重要的作用，进而实现了独立董事监督效果。在欧美成熟的资本主义市场环境下，虽然有一部分文献以独立董事所在公司发生财务丑闻后能够拥有的职位数量变化下降不大（Srinivasan，2005）甚至有一定增加（Helland，2006）的角度指出独立董事声誉机制作用有限：但绝大多数文献均指出了在欧美成熟资本主义市场中，独立董事声誉机制对于其尽职监督的有效影响，这些市场中存在一套有效的独立董事声誉机制，能促进独立董事发挥监督职责，主要表现在：独立董事人力资本市场会根据独立董事的任职表现进行相应的奖惩。一方面，对于在上市公司治理中尽职监督、有效发挥治理作用的独立董事，其能够获得较高的声誉，声誉奖励会令独立董事在之后任职过程中更容易获得新的职位：Shivdasani 和 Yermack（1999）发现具有良好监督声誉的独立董事将会获得更多的上市公司独立董事任职机会；Coles 和 Hoi（2003）的研究则显示，敢于否决有损投资者利益议案的董事，其后获得其他董事职位的数量 3 倍于未投否决票的董事；Harford（2003）和 Yermack（2004）的研究同样证实，独立董事在未来能否获得新职位与其在之前任职公司的任职表现密切相关。相应的，如果独立董事在所在上市公司未能有效发挥治理作用，那么受到外部声誉市场的影响，独立董事在未来获得新职位的可能性和数量均会减少。Gilson（1990）研究发现，在破产重组公司任职的独立董事被迫离职之后在其他公司再次担任独立董事的可能性显著减小；Kaplan 和 Reishus（1990）的实证研究表明，在业绩表现差的公司任职的董事将被认为没有很好地履行管理公司的职责，因此不太容易再被聘任为其他公司的独立董事；Srinivasan（2005）及 Fich 和 Shivdasani（2007）均通过实证研究发现，发生了盈余重述和财务舞弊的上市公司，其在任独立董事拥有的其他公司独立董事职位数量明显下降。

（二）独立董事薪酬激励的研究现状

为解决公司治理过程中大股东掏空与完善中国公司治理相关制度，独立董事制被引入中国，但直到目前，中国上市公司独立董事仍难以发挥有效监督职能，被冠以“花瓶”董事、“形式”董事之名，其根源主要在于中国上市公司治理实践中缺乏科学有效的独立董事激励机制，薪酬激励便是其中重要一环。

对中国关于上市公司独立董事薪酬的相关规定和上市公司年报进行考察，可以发现中国独立董事收入主要为固定薪酬，几乎没有变动的激励薪酬存在。证监会 2005 年颁布的《上市公司股权激励管理办法（试行）》中第八条明确规定，“激励计划的激励对象可以包括上市公司的董事、监事、高级管理人员、核心技术（业务）人员，以及公司认为应当激励的其他员工，但不应当包括独立董事”。2016 年和 2018 年颁布的《上市公司股权激励管理办法》第八条同样规定独立董事不应成为股权激励的对象。且根据中国上市公司年报中披露的独董薪酬数据可以发现，中国独立董事薪酬的主要发放形式为固定的年度津贴，只有很少一部分上市公司发放数额不大的参会津贴。从以上法律法规和上市公司年报数据可以看出目前中国还没有建立起正式的独立董事薪酬激励机制，而世界500强企业中半数以上独立董事实施了股权激励这一薪酬激励机制（郑志刚等，2017），Fich 和 Shivdasani（2005）的研究也表明，股票期权计划有助于使独立董事得到与股东利益一致的激励，从而提高企业价值。由于中国没有为独立董事设立科学、有效的薪酬激励机制，在当前声誉机制不健全甚至无效的公司治理环境下，独立董事群体必然会逐步趋向于选择敷衍塞责的行动策略，因为敷衍监督既不用承担被迫辞职及失去固有薪酬的风险，也不必在独立董事市场上背负“不听话”的负面评价，且获得的独立董事薪酬数目并不受影响。

一些学者的研究指出为独立董事发放高薪能够对其产生正向激励。Salmon（1993）的研究指出，独立董事在进行行为决策时必然考虑到其行为的成本和收益，如果其监督职能的实现需要较高的时间成本，同时其所得到的报酬又极其有限而未能达到对其的激励效果时，那么独立董事就不太可能有效发挥其监督职能。Perry（2000）的研究证实，独立董事的薪酬激励对其监督职能的发挥作用影响显著，有效的薪酬激励会令其在公司业绩不佳时及时更换 CEO，胡奕明等（2008）的研究证实了这一结论。Ryan 和 Wiggins（2004）的研究证实，董事会监督效率低下可以通过制定有效的独立董事薪酬激励合约来缓解控制，进而实现有效的公司治理。郑志刚等（2017）研究则发现，在控制了潜在影响因素和解决内生性问题后，独立董事高薪酬对于改善上市公司绩效意义重大。全怡等（2017）的研究指出，高薪的独立董事能够更勤勉地工作，但其研究忽略了独立董事勤勉工作不能等同于实现其有效监督职能的客观现实，往往有效监督的意义更为重要，仅仅勤勉参加会议意义非常有限，独立董事只有通过投赞成票等方式对大股东和内部人的不当行为发表独立的否定意见，才能发挥其监督职能（叶康涛等，2011；梁权熙等，2016）。

但也有大量学者反对对独立董事进行高薪酬激励，Brick 等（2006）指出，独立董事报酬是其独立性的重要指示器，他们提供了高额董事薪酬对公司治理和经营业绩产生负面影响的经验证据，认为高额的独立董事薪酬会令独立董事失去独立性，带来公司业绩的下滑。Abelson（2001）通过分析安然公司的财务丑闻案，指出了独立董事的高报酬使其产生了对于被监督者的依赖性，滋生和管理者共谋关系，降低了独立董事的独立性和监督效果，令独立董事更多关注个人利益而非委托人的利益。唐雪松等（2010）研究指出，考虑可能的被迫辞职风险和对于财富损失的规避，独立董事兼职的独立董事岗位数量越少和所得薪酬越高时，在董事会上出具否定意见的可能性越低。张天舒等（2018）针对独立董事薪酬对公司治理的影响路径进行了实证研究，结果发现过低的薪酬对于独立董事的履职积极性会产生负面影响，而过高的独董薪酬则降低了其独立性，使其在发表独立意见时不敢给出反对的声音以实现监督职能。王言等（2019）的研究指出，独立董事薪酬不能对独立董事监督职能的发挥起到很好的调节作用。

根据以上研究，可以认为通过科学、行之有效的独立董事薪酬设计，能够缓解独立董事的代理问题，进而实现有效监督，有力控制大股东和内部经理人的行为。本质上讲，独立董事也是委托代理链条上的重要一环，关于其行为是否能够从中小股东和机构投资者等外部利益相关主体的利益出发对大股东和内部人进行有效监督，亟须一套合理、高效的薪酬激励机制（邵少敏，2003）。

（三）独立董事任免机制对独立董事监督效果影响研究现状

自21世纪引入独立董事制度以来，中国独立董事群体数量快速增加，截至当前，独立董事保有数量已经突破万人（周泽将等，2017）。然而，独立董事监督效果较弱在一定程度上已经形成了共识（唐雪松等，2010；叶康涛等，2011；宁向东等，2012）。在声誉激励、物质激励、履职成本等众多影响独立董事监督效果的因素中，独立董事任免机制存在问题是独立董事出现监督“无力”现象的重要因素，任免机制的缺陷阻碍了独立董事监督效果有效发挥，国内外学者对这一问题进行了相关研究：Fama（1983）指出独立董事的制度设计存在着“天生”的悖论，独立董事名义上被上市公司雇佣，对上市公司实际控制人履行监督职责，但实际控制人事实上掌握着独立董事的任免权，这种自相矛盾的制度设计缺陷使得独立董事的独立性大打折扣；李海舰和魏恒（2006）指出：在我国的实践中，独立董事的任免、考核均受制于大股东或公司管理层，因此独立董事监督时往往受制于人，而无法关注和维护到中小股东的利益；郑春美等（2011）指出中国证监会应该适当修改《指导意见》的相关规定，改进上市公司独立董事的选聘制度，以保证独立董事的独立性，独立董事制度虽然是一种有效的监督制度，但往往由于独立董事选聘机制缺陷而不能实现监督职能。邱静等（2019）的研究指出，独立董事任免机制的缺陷给独立董事监督效果带来了负面影响。以上研究均证实独立董事的任免机制缺陷对独立董事监督产生了巨大阻碍。

如何改进我国独立董事任免机制以促进独立董事监督效果实现呢？众多国内学者对这一问题进行了相关研究：余杭（2002）的研究指出：针对独立董事任免机制的问题，应制定相关机制令独立董事选举和最终任免直接由证监会而非大股东调度；段从清等（2004）的研究在分析了国内外有关独立董事积极资格和消极资格及各自不同差异的基础上，指出上市公司独立董事的任免过程应充分考虑个体股东或股东代表的意见，而不是由大股东和经理内部人决定；崔凯等（2005）的研究指出：上市公司独立董事的选任设计存在矛盾，作为委托人的大股东实际上同时充当着被监督者的角色，所以独立董事在发表意见时必定倾向于保持沉默，针对这种情况，应改进独立董事任免机制，通过建立候选人主动申请机制，引入相应的有序竞争机制择优录用独立董事，同时保障中小股东拥有与大股东平等的选择独立董事的权力；曹廷求等（2012）的研究指出："一股独大"以及内部人控制问题是独立董事选任过程需要解决的首要问题，尝试建立"人才池"或者通过中介机构推荐的方式选举独立董事能够缓解这些问题，保障独立董事真正代表中小股东利益，同时也应发挥好证监会的力量对独立董事选任过程进行监督；肖曙光（2017）的研究得出了类似的结论，指出当前独立董事的任免权实际上仍掌握在大股东和内部人手中，这一情形导致独立董事独立性较低，应通过监管部门对这一过程进行有力干预；周佰成等（2017）的研究指出，独立董事任免机制存在以下问题，首先，独立董事由于受聘于上市公司，所以很难对选任其的大股东出具否定意见，因为这可能令其失去工作机会，其次，由于法律法规制定方面难以对大股东选择熟人或朋友作为独立董事人选做出规定，所以势必导致大股东任用"熟人董事"，阻碍独立董事发挥作用，要改进以上情形，可以考虑建立独立董事协会，主要由协会提供独立董事任职人选，发挥独立董事的任免作用。以上研究均指出我国上市公司"一股独大"背景下独立董事的选任由大股东决定的弊端以及必须改变目前在大股东一股独大的情况下实际上由大股东任命独立董事的做法以及改变这一情形的必要性，指出可以考虑令监管机构或中小股东提供独立董事人选。

根据对现有文献进行梳理分析，可以发现单纯由大股东控制决定的独立董事选任存在较严重的问题，大股东任命独立董事不仅会损害独立董事独立性，降低其有效监督的可能性（崔凯等，2005；曹廷求等，2012；肖曙光，2017；周佰成等，2017），更可能根据主观偏好来选择从自身利益出发而不一定对上市公司和中小股东有利的独立董事（周佰成等，2017；刘浩等，2013），正如相关研究所指出的，大股东对独立董事的偏好在不同情况下是不同的：如果大股东不依赖于通过侵害小股东而获取的控制权收益，则其偏好于具有良好咨询能力和严格监督的独立董事；而如果大股东主要依赖于通过侵害中小股东而获取的控制权收益，则其偏好于具有宽松监督的独立董事（刘浩等，2013）。

（四）独立董事履职能力对独立董事监督效果影响研究现状

分析国内众多关于独立董事监督机制现有缺陷、论述独立董事实现有效监督影响因素的相关文献，可以发现相关研究更多集中于对独立董事监督受到的个体激励的角度，学者们忽略了影响独立董事监督的一个极其重要的因素——不同独立董事履职能力对于其监督职能有效发挥的影响，这一点不仅存在性毋庸置疑，重要性更无可否认。

首先，从这一问题的存在性和重要性的角度，立足我国公司治理实践，基于中国“以人为本”和“关系型社会”的文化背景，可以确认这一联系必定存在。独立董事作为参与公司治理的主体，无可避免地要与控股股东和管理者等公司治理主体发生联系，那么其对于公司治理能够输出的价值和“听话”与否就成为其他主体在选择与之亲疏远近关系时的重要考虑因素，如果独立董事履职能力较高，能够为上市公司输出较高的个人资本和社会资本，即使其不够“听话”，在存在有大股东掏空或内部人隐瞒真实治理信息情况的董事会提案上投了非赞成票（在中国，独立董事是通过投非赞成票方式对大股东和内部人的不当行为发表独立的否定意见以发挥其监督职能的（叶康涛等，2011；梁权熙等，2016）），其他主体同样会基于其公司治理提供价值方面考虑依旧给予提出否定意见的独立董事较高的待遇，反之，独立董事投非赞成票的行为则很可能招致内部控制人的事后有针对性的报复行为，令独立董事很难获取公司治理的有效信息而不得不放弃连任甚至被迫离职。毕竟，上市公司聘请独立董事聘用的是一个同时提供监督职能和咨询服务职能的主体，这一主体不仅起监督作用，同时也起到输出人力资本和社会资本的作用，而在雇佣独立董事时，这一主体的价值输出和可能实施的不同监督行为就成为控股股东和管理者选任独立董事时要综合考虑的因素，忽视这一联系的存在性，必然令独立董事监督机制的完善过程缺失重要的一个方面。从这一点考虑，研究这一问题显然对于完善我国独立董事监督机制意义极为重大，因为，作为一个整体，显然代表独立董事履职能力的个人资本及社会资本价值输出会影响任免独立董事的大股东对独立董事这一主体的整体判断，进而对于具备不同履职能力的独立董事投非赞成票后，使大股东和内部人产生不同反应。无可否认，在中国关系型社会文化的背景下，独立董事是否能够与公司治理的相关主体建立良好的关系成为其是否能够有效获取各类公司治理信息进而实现各类其他职能的前提条件，如果独立董事被孤立，那么获取公司治理信息则会受到种种阻碍，难以发挥公司治理的监督职能；反之，如果独立董事履职能力较高，能够通过输出良好的人力资本和社会资本为公司治理提供有力的帮助，那么其对于公司治理的重要性则很容易成为建立与大股东和内部管理者联系和打开治理局面的“敲门砖”，令其同公司治理中的各方主体建立良好的关系，进而更容易获得公司治理内部信息，更好地发挥监督职能。

然后，值得强调的一点是：独立董事的人力资本和社会资本对于协助公司治理而言意义重大，这一因素往往成为众多大股东和管理者在选聘独立董事时作为重要前提甚至是第一前提而被加以考虑。这一方面，国内外众多学者的诸多研究已证实了这一现象的存在性。早在 1983 年，Fama 和 Jensen（1983）的研究就证实了必须令独立董事具备必需的管理知识和沟通技能，否则很难有效实现其咨询服务与监督方面的职能。Guiso（2001）的研究则指出，独立董事具备的社会资本则能够令公司更好地获取各类外部信息，使其同公司管理者建立良好的关系，促进公司的有效治理。Kroll 等（2007）指出公司的决策者更倾向于聘用具有较高咨询能力的专业人士作为独立董事，独立董事有效履职不仅需要信息处理能力和会计等技能，还需要具备同大股东以及管理层有效沟通与协调的能力。

我国学者对于这一方面的研究主要集中于独立董事为公司发展提供人力资本和社会资本有助于提升公司治理绩效方面，刘浩等（2012）以及胡元木（2012）的研究指出：具备银行和专业技术背景的独立董事在我国公司治理过程中在企业实现融资和技术研发方面发挥了很好的促进作用，有效履行了其咨询服务职能。方军雄（2008）以及潘红波等（2011）的研究指出公司聘用的异地独立董事在有效弱化地方保护主义的樊篱、促进公司异地并购方面发挥了强大的支持作用，“熟人社会”的特征令异地独立董事发挥了很好的咨询功能。刘春等（2015）的研究同样指出：异地独立董事可以通过运用本地的关系网络来缓解地方保护主义，提高公司异地并购的成功率；刘浩等（2012）的研究发现，独立董事的银行背景能够促进其咨询职能的实现，有利于企业实现融资。励莉（2019）的研究指出，独立董事身份特征对公司绩效将产生显著影响。周军（2019）的研究发现，会计专业独立董事能够显著抑制公司股价崩盘风险。孙甲奎等（2019）的研究指出，投行背景的独立董事能够增加公司价值。盛宇华等（2020）的研究证实，独立董事人力资本对战略变革具有正向影响。吴先聪等（2020）的研究证实，“名人独董”出席会议次数越多越可能降低管理层权力对股价崩盘风险的影响。于鹏等（2020）的研究指出，独立董事的银行背景降低了债务融资成本，通过截面分析，其研究还发现银行背景独立董事在代理成本严重的情况下更能改善企业的债务融资。

最后，比之较丰富的对于独立董事的人力资本和社会资本能够提升公司治理绩效的研究成果，国内学者对于独立董事拥有的人力资本和社会资本高低对监督职能产生影响的研究极少，其中，高凤莲等（2016）利用二阶最小二乘法，以2006—2013年沪深上市公司为样本进行了实证研究，其研究论证了独立董事社会资本对于控制公司内部委托代理成本和抑制公司管理者和控股股东的逆向选择及道德风险问题；刘琳晨（2019）的研究则证实拥有高管背景的独立董事更会对董事会提案提出负面意见，具备较高的独立性，武立东等（2019）的研究证实，特定执业身份对独立董事监督具有正面作用；他们的研究对这一问题进行了一定程度上的探索和分析，具有较高的理论和现实意义，然而，他们的研究缺乏系统性和全面性，仅仅论证了这一影响的存在性和不可忽视性，并未详尽论述这一影响的产生过程、作用机理、发展方向和控制方式，这就为本书提供了研究空间。

值得重点指出的是，相比国内研究文献的稀缺性，国外对独立董事履职能力有利于促进监督效果发挥方面进行了大量研究，这些研究证实：在中国，独立董事拥有的社会资本能够促进其更好获取公司治理内部信息，实现监督职能（Shleifer，1997；La Pona，1999），独立董事的社会资本越丰富，则其能够拥有的监督力量越强大（Wesley，2010；Benoni ，2006），而独立董事拥有的诸如会计技能等专业能力（Huang，2016；Adams，2010）以及沟通技能（Miletkov，2017）同样对实现独立董事监督效果意义重大。因此，独立董事是一个同时提供监督职能和咨询服务职能的主体，其在被任免和就职过程中，大股东等主体必然会从独立董事能够为公司输出的价值高低及其"听话"与否的整体角度考虑是否对其进行聘用或支持其有效履职，这就令拥有不同履职能力的独立董事在出具反对意见后遭遇不同的"待遇"，最终导致独立董事实施不同的策略行为。

二、独立董事监督与监事会二元监督分析

为提高上市公司治理水平，我国建立了监事会和独立董事并存的二元监督模式，其中监事会主要负责上市公司内部监督中的事后监督、日常监督（何孝星，2001；王可等，2016），独立董事主要实现对上市公司违规行为的实时监督（唐雪松等，2010；叶康涛等，2011；宁向东等，2012），二者的职权范围不同，如果二者能够各司其职，理论上应能有效实现上市公司治理的内部监督（何孝星，2001；甘培忠，2001），增进我国上市公司治理效果。但目前我国上市公司内部监督中仍存在监督不足的困境，在监事会未能有效发挥监督作用的同时（高雷等，2007；张振新等，2011），独立董事也被冠以"花瓶董事"之名（唐雪松，2010；叶康涛，2011）。已有研究从监事会规模和监事会行为未能促进公司治理（Jia 等，2009；张振新等，2011）、监事会未能对外部审计工作进行有效支持（李爽和吴溪，2003）、监事会整体治理量化水平较低（李维安和王世权，2005）等方面指出监事会治理水平低的事实。除了监事会监督效果较弱以外，上市公司独立董事也未能实现有效的实时监督，我国独立董事是通过在董事会上对大股东掏空等各类违规行为投非赞成票实现公司治理

中的监督作用，但事实上，我国独立董事对董事会各类提案投票很少出具反对意见（唐雪松等，2010；叶康涛等，2011；宁向东等，2012）。

已有研究对于两个监督主体如何形成监督合力的相关成果较少，但关于我国上市公司独立董事或监事会单方监督效果弱现象的形成原因及改进方案，已有众多学者进行了研究。首先，对于监事会监督效果较弱的问题，已有研究指出主要是由于监事会监督激励不足、出现公司治理违规后对监事会的追责程度不够。缪艳娟（2003）的相关研究指出，监事会监督效果不足主要是由监事会受到的监管追责较小以及法律上对监事会形式监督的追责缺位造成的；王彦明等（2016）的研究同样指出，监事会履职存在动力不足及约束机制不健全的问题；与公司治理机制更健全国家的监督模式相比，我国监事会监督激励不足（冉春芳等，2015）；因此，为解决我国上市公司监督困境，从监事会方面入手应主要做到提高对监事会的追责程度。其次，为提高独立董事监督效果，很多人从独立董事薪酬激励（郑志刚等，2017；胡奕明，2008；全怡，2017；张天舒，2018）、声誉激励（Fama 和 Jensen，1983；邵少敏等，2003；Fama，1980；陈艳，2009；黄海杰等，2016；SILA 等，2017；杜剑等，2019）以及任免机制缺陷（何孝星，2001；李海舰等，2006；郑春美等，2011；辛清泉等，2013）等方面进行了研究，这些研究对于如何提升独立董事个体监督激励提供了相对完善的理论支持与实践参考。

现有研究就改进独立董事或监事会单一监督主体监督效果方面进行了丰富的研究，但并未从促进两个监督主体形成监督合力的视角出发，研究如何促进独立董事和监事会监督形成合力。事实上，我国独立董事在进行实时监督过程中存在一个影响监督效果的棘手问题——在我国独立董事监督过程中缺乏对其尽职程度实现有效监管的监督主体，虽然证监会能够对独立董事失职行为施以事后惩戒①，但这只能从上市公司外部实现对独立董事失职行为的事后监督和惩罚，事后对独立董事失职行为进行追责实际上很难形成对独立董事实时监督的有效激励。

---

①　根据近年来证监会网站公布的大量针对上市公司独立董事的处罚案例可以证明独立董事不尽职监督会受到来自证监会的事后处罚。

三、公司治理外部监督主体行为对独立董事监督的影响研究

（一）证监会加强信息披露监管程度对独立董事监督的影响研究

证监会加强信息披露程度监管主要能够缓解独立董事这一主要公司治理内部监督主体信息获取难度高的现状，而独立董事信息获取难度大是目前阻碍我国独立董事监督职能有效实现的重要方面，掌握公司真实情况是独立董事有效履职的基础（Adams 和 Ferreira，2007）。信息环境对独立董事作用发挥的有效性至关重要，只有在良好的信息环境下及时有效地获取信息，独立董事才能够顺利实现监督职能，而在不能充分、准确地获取公司治理各类信息的情况下，独立董事无法科学准确做出判断和决策，监督作用无法有效发挥。根据证监会公布的上市公司违规独立董事受到连带责任处罚的案例，我国独立董事在进行申诉时指出其未能有效履职的主要原因之一为大股东或内部管理者对于其真实公司治理信息的刻意隐瞒。根据唐清泉等（2006）针对上市公司500 名独立董事的问卷调查发现，有 84% 的独立董事认为无法全面了解公司的真实情况而误判是其最担心的潜在风险。公司治理信息的及时反馈是独立董事获取信息最重要的途径，目前我国上市公司独立董事所需要的信息主要由大股东提供，在大股东对信息有限披露的情况下，独立董事的监督作用难以完全履行（刘浩等，2012），控股股东对董事会的信息隐瞒会降低独立董事的勤勉度，不利于其监督职能的发挥以及监督效果的实现（宁向东，张颖，2012）。

众多学者对独立董事信息获取与职能作用发挥之间的关系进行了研究。陈宏辉和贾生华（2002）的研究表明独立董事信息获取能力的欠缺制约了他们持续改进董事会职能的作用。韩钢和李随成的研究（2006）则指出，由于大股东和企业管理者通过内部人控制对企业各类信息披露进行严格把控，导致部分财务信息未被披露甚至被人为修改，令独立董事难以正常履职。杨有红等（2015）的研究同样指出，我国公司治理中的即时信息获得优势必然掌握在内部人手中，信息劣势地位使独立董事在履职过程中面临较为严重的信息不对称问题，降低了其履职有效性。牛建波等（2012）和周建等（2018）的研究指出，掌握公司的真实经营信息是独立董事有效履职的保障。

（二）媒体外部监管对独立董事监督的影响研究

通过对独立董事进行激励以提高其监督方面文献的整理，发现目前主要是从公司治理内部出发对独立董事监督职能的发挥进行研究，少有文献从外部监管主体尤其是媒体的角度出发研究其行为对于独立董事监督职能发挥带来的影响。而媒体行为对于公司治理必然存在影响，这一点学界已成共识（Allen 等，2005；郑志刚，2007；李培功等，2013）。目前国内外研究媒体监督对独立董事监管行为影响的文献仅有李焰等（2011）对媒体负面报道与独立董事辞职行为的相关性进行了验证，文章指出了媒体的负面报道会令独立董事辞职的概率提高，研究虽然验证了媒体的监督会在一定程度上激发独立董事的监督行为，但未能从独立董事监督行为的整体监督过程和决策形成机制的角度入手进行全面分析。本书从媒体行为出发，研究媒体监督下，独立董事监管效果与上市公司违规治理问题。

Dyck 和 Zingales（2002）最早对媒体行为与公司治理关系进行研究，其研究指出媒体会通过引发行政介入规范公司治理、提升管理者对声誉损失的关注规范管理者行为以及通过披露信息引发公众舆论进而对管理者行为进行规范三种途径影响提升公司治理效果，在之后的研究中，Dyck 等（2008）进一步证实了媒体能够通过激发管理者的声誉激励使管理者规范自身行为，提升公司治理效果。

媒体监督可以对公司治理产生影响，首先，是因为媒体能够增进信息披露程度，缓解公司治理各参与主体间的信息不对称（Becker 和 Murphy，1993），通过信息披露，媒体能影响各利益相关主体的决策，最终影响公司治理效果。Chen 等（2015）的研究指出，Barron 等（2005）及 Chen 等（2015）的研究均指出，媒体报道能够缓解投资者与管理者之间的信息不对称，缓解可能产生的信息风险。所以，在媒体的作用之下，公司管理者的行为同时受到公司内部治理和外部媒体监管的影响，使管理者行为更规范，进而提升公司治理水平。

其次，媒体的介入可以激发公司管理者和大股东的声誉机制，从而影响公司治理效果。Joe 等（2009）的研究指出，媒体能够通过引发声誉机制缓解委托代理问题，进而改善公司治理效果。李培功和沈艺峰（2010）的研究同样证实了媒体能够通过激发声誉激励规范大股东和管理者行为。

最后，媒体监督能够在公司治理发生违规事件时引发行政介入，提升公司治理水平。Besley 和 Prat（2006）的研究指出，政治家会基于升迁的声誉考虑主动对涉及媒体负面报道的公司法案进行修改，以提升自身声誉为选举积蓄力量。媒体报道所引发的声誉损失在一定程度上可能会从企业转移到政府部门，进而引发行政介入，制止公司管理者做出侵害中小投资者等违规行为，且在政府协助监督下，公司高层管理者的不当薪酬等问题也会减少，对公司治理具有正向作用（戴亦一等，2011；杨德明和赵璨，2012；李焰和王琳，2013）。

然而，当存在媒体报道偏差时，即媒体对于报道内容的取舍、斟酌以及对于信息来源的选择、对被报道对象进行有利或者不利的特定细节报道时（Hayakawa，1978；Gentzkow 和 Shapiro ，2006），媒体行为也会给公司治理带来负面影响。报道偏误带来不利影响主要产生于三种情况下：

第一，媒体出于制造轰动效应等自利性考虑而进行报道。媒体常不能被视为提供客观新闻报道的信息媒介，而被视为“努力向市场提供娱乐性和趣味性报道（的企业组织）”（DeAngelo 等，1994；Hamilton，2004）。Miller（2006）的研究发现，媒体会以追求轰动效应为目的而更趋向于报道涉案金额重大的违规案件和违规上市公司。另外一些情况下，记者等媒体工作人员会出于获取内部信息的目的考虑而给予为其提供内部信息的企业偏袒性报道（Dyck和 Zingales，2003），除了内部信息，由于地方媒体对于地方企业的广告投入具有较高依赖性，这也容易导致其过度正面报道地方企业（Gurun 和 Butler，2012）。媒体追求轰动效应对公司违规行为的大肆报道和为了收益对一些企业过度正面报道的行为都不利于健康有序市场环境的建立，对公司治理具有负面影响。

第二，地方政府对媒体进行操控，带来报道偏误。Besley 等（2002）提出媒体报道偏误很可能来源于政府管制，政府的行为可能直接决定了媒体的行动和报道内容，Djankov 等（2003）的研究证实了这一观点，其研究发现媒体能否在公司治理中做出有效监督行为往往取决于政府的干预程度。政府除了对媒体的报道内容产生影响，对媒体市场的进入管制也妨碍了媒体行业的竞争（Gentzkow 和 Shapiro，2006），而竞争的弱化也会降低公众获取信息的准确性，减弱媒体监督作用。

第三，媒体同一些利益集团进行共谋，产生报道偏误。媒体报道有时会为了迎合利益集团的偏好而产生报道偏误（Moss，2004），且如果缺乏适当的监管，媒体很可能利用其信息优势与相关利益主体达成共谋，从而通过隐瞒利益主体的负面消息获利（孔东民等，2013），这种情况下，偏误的报道不仅违背了媒体报道客观公正的原则，更会给上市公司等经济活动参与主体决策带来负面影响，最终危害社会整体的资源配置效率和福利水平，产生严重经济后果。

第三章

独立董事个体激励对监督效果的影响研究

第一节 独立董事声誉激励对独立董事监督效果的影响研究

通过文献综述部分对相关研究进行整理分析，可以发现在欧美成熟资本市场，独立董事人力资本市场能够在一定程度上识别独立董事履职表现的差异，并给予相应的奖惩（Kaplan 和 Reishus，1990；Shivdasani 和 Yermack，1999；Coles 和 Hoi，2003；Yermack，2004；Srinivasan，2005；Helland，2006；Fich 和 Shivdasani，2007）。借鉴相关国外经验以及现有研究，为使独立董事声誉机制发挥作用，我国也应建立独立董事经理人市场机制，进而实现独立董事监督效果。

考虑到目前我国独立董事声誉激励研究主要集中于独立董事声誉激励机制还未发挥作用的证明以及在我国建立独立董事声誉激励机制的重要性，尚无对在我国如何建立独立董事声誉激励机制和相关措施的影响机制进行研究，考虑到作为监督主体的独立董事群体和主要被监督对象的大股东群体均为有限理性的群体，二者的决策过程一方面会考虑成本收益，另一方面也会通过群体内部不断学习模仿来不断改进自身策略，所以，本章采用演化博弈的方法对这一问题进行分析论证。

根据以上分析，提出假设：证监会建立独立董事人才库能够完善独立董事人力资本市场，产生对独立董事的声誉激励，促进独立董事监督效果发挥。

这里做出说明：对独立董事的声誉激励一方面包括对尽职监督的独立董事给予声誉方面的奖励，主要采取公开表彰或给予相关的尽职“独立董事”称号的方式来进行，同时在之后对这一部分独立董事向招聘独立董事的上市公司做重点推荐；另一方面则应将不尽职监督的独立董事移出独立董事人才库，同时进行公开披露，并不再允许其之后担任独立董事。

一、演化博弈模型建立与研究假设

中国上市公司治理过程中，相比其他违规问题，大股东的利益输送、壕沟效应和关联交易等侵占中小股东利益的违规行为十分严重（Johnson，2000；Claessens 等，2002；Jian 和 Wong，2010；Berkman，Cole 和 Fu，2011）。因此本章的研究选择大股东掏空这一有代表性的现象，将独立董事监督过程设计为独立董事对大股东掏空行为进行监督的过程。通过对现实情形的抽象，博弈中存在大股东和独立董事这两个参与主体，双方都有选择符合自己利益最大化目标的激励，大股东可能会选择以企业利益最大化为目标制定战略，也可能实施掏空企业为自身牟利的行为，独立董事既可能在关于大股东行为的董事会投票上投赞成票，也可能对其投非赞成票。而每方采取不同行为的可能性和收益均会影响对方，令对方的决策发生改变，由于二者均具有有限理性，这种相互影响和改变并不是一蹴而就的，而是通过双方不断调整策略和行为而最终达到最优的过程，所以二者博弈过程即独立董事对大股东行为的监督过程为演化博弈的过程。

我们假设在大股东群体中，以掏空企业为目标行动的比例为 p，以企业利益最大化为目标行动的比例为 $1-p$；独立董事群体在董事会上对大股东行为出具否定意见的比例为 q，出具肯定意见的比例为 $1-q$。具体博弈情况如表 3－1 所示。

表 3－1　　　　　　　　　　　支付矩阵

独立董事＼大股东	选择掏空企业的战略	以企业利益最大化为目标制定战略
出具否定意见	$Y-C_2-iY-C_3+I_1$，$Q+E-PG$	$Y-C_1$，Q
出具肯定意见	$Y-W-I_2$，$Q+E$	$Y-C_4$，Q

具体变量说明如表 3－2 所示。

表 3－2　　　　　　　　　　博弈模型的变量定义

变量	变量定义
Q	大股东未实施掏空等违规行为的收益
$Q+E$	大股东实施掏空等违规行为的收益
P	独立董事出具反对意见引起证监会对大股东掏空等违规行为的注意之后证监会成功查获大股东掏空等违规行为的概率。本研究假设 P 不为 0，因为 $P=0$ 等同于大股东的掏空等违规行为不受证监会的监督，而现实公司治理过程中独立董事出具的反对意见有一定概率使得证监会注意到大股东的掏空等违规行为并进行查处
G	独立董事出具反对意见引起证监会对大股东掏空等违规行为的注意，之后证监会成功查获大股东掏空等违规行为对大股东实施的处罚
Y	独立董事的固定薪酬收入
i	大股东实施掏空等违规行为并提出相关董事会提案后，独立董事出具反对意见而遭遇排挤后被迫离职的概率。根据相关研究（唐清泉，2006；谭劲松等，2006；叶康涛等，2011）和中国公司治理现状，本研究假设独立董事出具反对意见会令 i 升高
0	大股东未实施掏空等违规行为同时独立董事在董事会上不出具反对意见时独立董事所获得的收益
W	独立董事在涉及大股东掏空等违规行为的董事会提案中不出具反对意见后，未来受到来自证监会对独立董事失职的处罚
C_1	独立董事对涉及大股东未实施掏空等违规行为的董事会提案出具反对意见付出的信息搜集成本和未来需要付出的因不尽职产生的成本
C_2	独立董事在大股东以实施掏空等违规行为为目的而制定董事会提案时不出具反对意见未来需要付出的因不尽职行为产生的成本。这里需要指出，C_1 和 C_2 均表示独立董事不尽职成本，但对大股东实施掏空等违规行为时的不尽职行为对独立董事的负面影响大于对大股东以企业利益最大化时独立董事出具反对意见的影响，所以 $C_2>C_1$

续表

变量	变量定义
C_3	包括在涉及大股东进行掏空等违规行为的董事提案上，独立董事为有效识别提案并出具反对意见而搜集信息整理资料付出的信息搜寻成本以及大股东事后对其排挤或刻意隐瞒信息产生的成本，即 C_3 具体表示独立董事除离职风险外遭遇的其他损失。这里需要指出，对于大股东的不同策略，独立董事出具反对意见的成本不同：当大股东以企业利益最大化展开行动而独立董事出具反对意见时，并不会对大股东有较大影响，因而不会引起大股东对独立董事的排挤；而大股东实施掏空等违规行为时，独立董事出具反对意见时，虽然我国证监会法规明令禁止对任期内的独立董事免职，但大股东很有可能通过排挤、对独立董事隐瞒公司治理信息等行为令独立董事被迫辞职（郑志刚等，2015；李俊强，2016）。所以本研究假设 $C_1 > C_3$
C_4	在涉及大股东未实施掏空等违规行为的董事会提案上，独立董事为有效识别提案而付出的信息搜寻成本。考虑到对大股东掏空等违规行为的识别需要相对更高的时间精力投入，本研究假设 $C_3 > C_4$。此外，考虑到独立董事不尽职行为对其有负面影响，对于独立董事而言，为尽职而付出时间精力相对低于因不尽职而遭受排挤以及可能的离职成本，所以本研究假设 $C_2 > C_1 > C_3 > C_4 > 0$
I_1	在我国建立了独立董事人才库实施了独立董事声誉奖惩机制后，独立董事尽职监督也即对涉及大股东掏空行为的董事会提案投了非赞成票后预期在未来获得的名誉收益
I_2	在我国建立了独立董事人才库实施了独立董事声誉奖惩机制后独立董事在对涉及大股东掏空的违规提案投赞成票后认为的在未来遭遇的名誉损失

这里需要着重指出的是，无论独立董事是监督大股东还是内部人牟取私利的行为，均可以使用这一模型，因为独立董事无论监督哪一方，均需要付出信息搜集成本和遭受排挤出公司失去独立董事津贴的风险，只是可能大股东的力量更大一些。模型的不同导致的各方收益函数差异仅仅表现为独立董事投非赞成票的代价高低的不同，其他趋同——所以独立董事的监督行为可以使用独立董事监督大股东的掏空行为为代表来进行演化博弈分析，模型同样适用于独立董事监督内部人控制为自身牟利、董事长与经理人两职合一串谋为自身牟利的行为——毕竟，无论是大股东掏空、内部人控制隐瞒信息还是两职合一串谋，归根结底都是为了自身牟利，同时这些为自身牟利的行为也都会损害上市公司的长远利益和中小股东的利益，所以均可以使用这一模型进行分析。

二、博弈参与主体的决策分析

（一）独立董事群体决策分析

独立董事出具肯定意见的期望收益为 U_{21}，反之为 U_{22}，即有：

$$U_{21} = (1-p)(Y-C_4) + p(Y-W-I_2) = Y - C_4 + pC_4 - pW - pI_2 \tag{3.1}$$

$$\begin{aligned} U_{22} &= (1-p)(Y-C_1) + p(Y-C_2-iY+I_1-C_3) \\ &= Y - C_1 + pC_1 - pC_2 - piY + pI_1 - pC_3 \end{aligned} \tag{3.2}$$

因此，平均收益 U_2 为：

$$U_2 = (1-q)U_{21} + qU_{22} \tag{3.3}$$

博弈过程中独立董事群体的复制动态方程：

$$\begin{aligned} F(q) = dq/dt = q(U_{22}-U_2) = q(1-q)(&C_4 - C_1 + pC_1 \\ &- pC_2 - piY + pW + pI_1 + pI_2 - pC_3 - pC_4) \end{aligned} \tag{3.4}$$

进化稳定策略需满足 $F(q)=0$ 且 $F'(q)<0$，求导得：

$$F'(q) = (1-2q)(C_4 - C_1 + pC_1 - pC_2 - piY + pW + pI_1 + pI_2 - pC_3 - pC_4) \tag{3.5}$$

因此，当 $F(q)=0$ 时，$q_1=0$，$q_2=1$，$p^* = (C_1-C_4)/(C_1-C_2-iY+W+I_1+I_2-C_3-C_4)$。

1. 当 $p=p^*$ 时，$F(p)=0$，$F'(p)=0$ 显然，此时所有的 q 都是平衡状态。即所有 q 值均处于稳定状态。说明当大股东以 $(C_1-C_4)/(C_1-C_2-iY+W+I_1+I_2-C_3-C_4)$ 的水平掏空企业时，无论独立董事何种行动，收益没有区别。

当 $p<p^*$ 时，$q_1=0$ 和 $q_2=1$ 是 q 的两个可能的稳定状态点，由于 $F(0)=0$，$F'(0)<0$ 及 $F(1)=0$，$F'(1)>0$，因此，$q=0$ 时是唯一的演化稳定策略。说明当大股东以低于 $(C_1-C_4)/(C_1-C_2-iY+W+I_1+I_2-C_3-C_4)$ 的水平掏空企业时，独立董事由“出具否定意见”策略向“出具肯定意见”策略转移，“出具肯定意见”成为演化稳定策略。

同理，当 $p>p^*$ 时，$q=1$ 时是唯一的演化稳定策略。此时，当大股东以高于（C_1-C_4）/（$C_1-C_2-iY+W+I_1+I_2-C_3-C_4$）的水平掏空企业时，独立董事由“出具肯定意见”策略向“出具否定意见”策略转移，“出具否定意见”策略成为演化稳定策略。

2. 当（C_1-C_4）/（$C_1-C_2-iY+W+I_1+I_2-C_3-C_4$）$<0$ 时，独立董事投非赞成票的成本始终高于收益，无论大股东采取何种策略，独立董事始终会选择“出具肯定意见”策略。

（二）大股东群体决策分析

当大股东选择以企业利益最大化为目标行动，那么期望收益为 U_{11}，反之，如果大股东以掏空企业为目标行动，期望收益为 U_{12}，即有：

$$U_{11} = qQ + (1-q)Q = Q \tag{3.6}$$

$$U_{12} = q(Q+E-PG) + (1-q)(Q+E) = Q+E-qPG \tag{3.7}$$

因此，平均收益 U_1 为：

$$U_1 = (1-p)U_{11} + pU_{12} \tag{3.8}$$

博弈过程中大股东群体的复制动态方程：

$$F(p) = dp/dt = p(U_{12}-U_1) = p(1-p)(E-qPG) \tag{3.9}$$

进化稳定策略需满足 $F(p)=0$ 且 $F'(p)<0$，求导得：

$$F'(p) = (1-2p)(E-qPG) \tag{3.10}$$

因此，当 $F(p)=0$ 时，$p_1=0$，$p_2=1$，$q^*=E/PG$。

1. 当 $q=q^*$ 时，$F(p)=0$，$F'(p)=0$，显然，此时所有的 p 都是平衡状态。即所有 p 值均处于稳定状态。说明当独立董事以 E/PG 的水平投非赞成票时，无论大股东何种行动，收益没有区别。

2. 当 $q<q^*$ 时，$p_1=0$ 和 $p_2=1$ 是 p 的两个可能的稳定状态点，由于 $F(0)=0$，$F'(0)>0$ 及 $F(1)=0$，$F'(1)<0$，因此，$p=1$ 时是唯一的演化稳定策略。说明当独立董事以低于 E/PG 的水平对大股东的行为出具反对意见时，大股东由“以企业利益最大化为目标制定战略”策略向“选择掏空企业的战略”策略转移，“掏空企业的战略”成为演化稳定策略。

同理，当 $q>q^*$ 时，$p=0$ 时是唯一的演化稳定策略。此时，当独立董事以高于 E/PG 的水平对大股东的行为出具反对意见时，大股东由“选择掏空企业的战略”策略向“以企业利益最大化为目标制定战略”的策略转移，“以企业利益最大化为目标制定战略”策略成为演化稳定策略。

三、独立董事与大股东策略的演化博弈分析

根据复制动态方程均衡点的稳定性，即雅可比矩阵的局部稳定性（Friedman，1998）分析得到：

$$J = \begin{bmatrix} F(q)/dq & F(q)dp \\ F(q)dp & F(q)dp \end{bmatrix}$$

$$= \begin{bmatrix} (1-2q)(C_4-C_1+pC_1-pC_2-piY+pW+pI_1+pI_2-pC_3-pC_4) & q(1-q)(C_1-C_2-iY+W+I_1+I_2-C_3-C_4) \\ p(1-p)(-PG) & (1-2p)(E-qPG) \end{bmatrix} \quad (3.11)$$

雅可比矩阵对应的行列式和迹为：

$$\det. J = F(q)/dq \cdot F(p)/dp - F(q)/dp \cdot F(p)/dq \quad (3.12)$$

$$tr. J = F(q)/dq + F(p)/dp \quad (3.13)$$

根据上式对各个均衡点进行分析，计算得到的稳定性结果如表 3－3 所示。

表 3－3　　演化博弈系统雅可比矩阵分析

局部均衡点	det. J	tr. J	稳定性
O（0，0）	－	不确定	鞍点
A（0，1）	＋	－	ESS
B（1，1）	＋	－	ESS
C（1，0）	不确定	不确定	非 ESS
D（q^*，p^*）	不确定	0	鞍点

将二者进化稳定策略用二维坐标平面表示，如图 3－1 所示，其中，横轴表示独立董事的策略，纵轴表示大股东的策略。

由图 3－1 可知，当 $q<q^*$，$p<p^*$ 时，博弈双方选择策略为：{不出具反对意见，选择掏空企业的战略}，即大股东选择掏空企业的战略同时独立董事对其行为未出具反对意见。其中区域Ⅰ的面积占总体面积比为双方选择该策略时的概率。同理，其中区域Ⅱ（1，1）、Ⅲ（1，0）、Ⅳ（0，0）的面积占

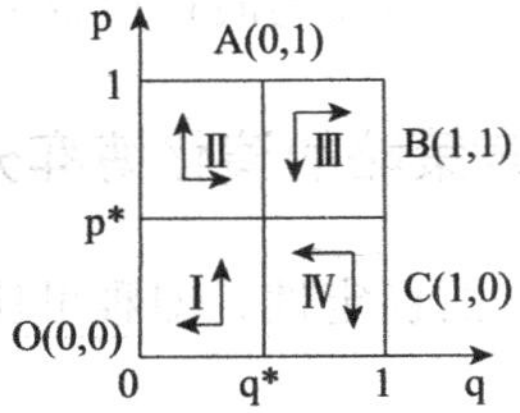

图3-1 独立董事与大股东群体演化博弈相位轨迹图

总体面积比分别为双方选择｛出具反对意见，选择掏空企业的战略｝、｛出具反对意见，以企业利益最大化为目标制定战略｝、｛未出具反对意见，以企业利益最大化为目标制定战略｝策略时的概率。此外，A（0，1）和 B（1，1）是双方在博弈中的进化稳定策略，而另外的 O、C、D 三个点由于不收敛、不抗干扰，因此不是稳定点，其中 D（q^*，p^*）是影响博弈结构演化特性改变的鞍点。

四、演化博弈仿真分析

根据相位图可知，演化博弈中共有两个 ESS 稳定点，具体最终将收敛于（0，1）或（1，1）点需根据具体情形进行分析。

（一）未建立独立董事声誉激励条件下参与主体的演化均衡分析

目前，我国上市公司治理由于缺乏有效的独立董事声誉机制，独立董事很可能在各类监督成本较高、内部人控制以及大股东处于强势地位具有董事会的操纵力量等现象共存的情况下选择不出具否定意见的行动策略。首先，如果独立董事在董事会上对涉及大股东掏空等违规行为出具反对意见，那么其之后很可能受到大股东或其他内部人的排挤和之后对独立董事刻意隐瞒公司治理真实信息，甚至有可能遭遇被迫离职，这些情形的出现导致较高的 C_2、C_3 和 i 值。然后，当前我国独立董事的固定薪酬呈现逐年递增的状态，也即固定薪酬 Y 的值逐年增大，由于我国目前缺乏有效的独立董事声誉激励机制，导致 I_1 和 I_2 的值非常小，同时由于独立董事责任险的应用，独立董事因不尽职行为可能受到的来自证监会的处罚程度 W 降低——在以上因素的共同作用下，条件 $-C_2-iY+W+I_1+I_2-C_3<0$ 被满足。因此，在中国上市公司治理现状下，由于 $-C_2-iY+W+I_1+I_2-C_3<0$ 条件被满足，导致了演化稳定状态 E（0，1），

这一状态下，系统将长期保持大股东实施掏空等违规行为同时独立董事不出具否定意见的局面。在这一条件下任意取值可得模拟仿真图如图 3－2 所示，由图 3－2 可以发现，在将初始点设定为（0.6，0.4）的情况下，系统演化均衡点将收敛于（1，0）点。

这里需要着重指出的是，在我国一开始引入独立董事制度时，每位就职的独立董事个体是期望通过尽职监督、提升公司治理绩效来为其收获声誉提升的，具体表现为此时独立董事预期 I_1 和 I_2 的值都很大，即独立董事认为通过尽职监督会为其赢得其想要的声誉，毕竟，由于独立董事的就职者一般都已经拥有物质基础较高的生活，物质激励对其的激励作用有限（陈艳，2009），而对于声誉方面的收益和损失则相对具有更大的敏感性。然而，由于独立董事的监督工作越来越难以开展，尽职监督后遭到排挤而被迫离开公司的情形越来越普遍，更为严重的是，在独立董事因尽职监督而被迫离开职位后能够再次获得的独立董事席位数量和获得类似独立董事职位的难度也相应上升——毕竟，聘请独立董事的大股东和内部人往往更偏向于“听话”的独立董事（刘浩等，2014）。由此，一些独立董事个体开始选择不再尽职监督，转而选择敷衍监督，表现为对带有违规性质的董事会议案投赞成票或直接不参加董事决议，也即由于我国缺乏有效的独立董事声誉奖惩机制，不尽职监督独立董事获得了比尽职监督独立董事更大的收益。随之而来的是群体中其他的独立董事个体对其行为学习和模仿，最终，整个独立董事群体演化为独立董事不出具否定意见也即最终图 3－2 中出现的状态。

（二）建立独立董事声誉激励后参与主体的演化均衡分析

当大股东掏空行为的期望收益、监督成本和独立董事固定薪酬等不变的情况下，如果能够通过建立独立董事人才库，使得独立董事声誉奖惩机制发挥作用，显然能够同时增大 I_1 和 I_2 的值，随着有效的独立董事声誉奖惩机制开始发挥作用，I_1 和 I_2 的值越来越大，这些变量变动的共同作用下，$-C_2-iY+W+I_1+I_2-C_3>0$ 条件被满足，由于 $-C_2-iY+W+I_1+I_2-C_3<0$ 这一条件的满足，导致了演化稳定状态 E（1，1），这一状态下，系统将长期保持大股东实施掏空等违规行为同时独立董事出具否定意见的局面。在这一条件下取值可得模拟仿真图如图 3－3 所示，由图 3－3 可以发现，在将初始点设定为（0.6，

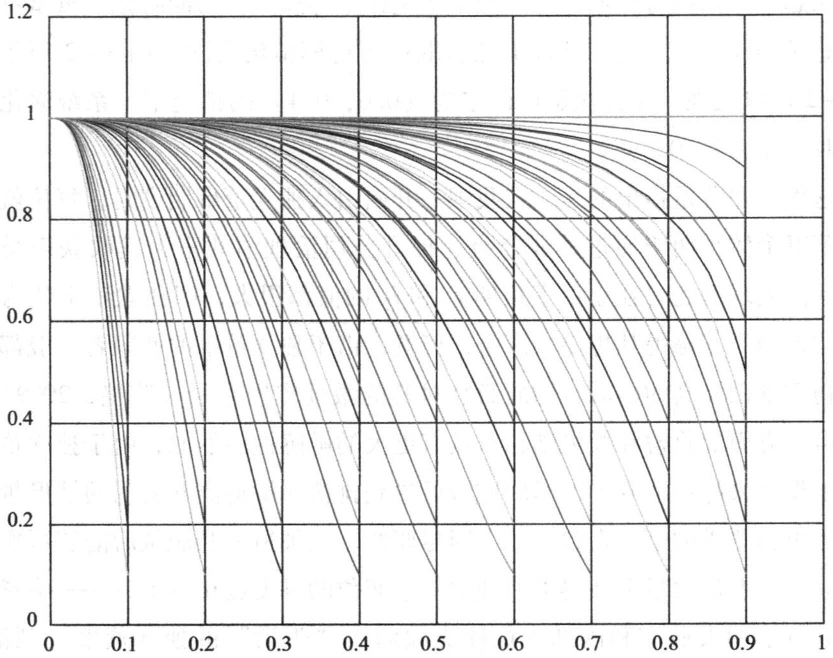

图 3－2　无声誉激励条件下独立董事与大股东群体的博弈动态演化路径图

注：此时 $PG=0.2$，$-C_2-iY+W+Z+K-C_3=-0.1$，$C_1-C_4=0.02$，$E=0.3$。

0.4）的情况下，系统演化均衡点将收敛于（1，1）点。最终，独立董事声誉激励的建立使得独立董事群体中越来越多的独立董事出具否定意见，群体策略也逐步向独立董事出具否定意见的方向演化，出现图 3－3 中出现的演化状态。从图 3－3 中可以发现，在独立董事声誉的作用下，独立董事监督效果弱的现象逐步消失，独立董事监督职能开始逐渐发挥。

英美等拥有相对完善资本市场的国家的独立董事制度之所以能够具备较高的有效性，正是因为拥有相对完善的独立董事人才市场，使得独立董事声誉机制得以有效发挥，进而起到了促进独立董事尽职监督的目的。以美国为例，美国拥有诸如全美公司董事联合会（NACD）等机构，这些机构会对独立董事的相关信息进行登记，如果独立董事未能尽职，那么相关机构不会再将其推荐给上市公司任职，同时由于完善的独立董事人才市场的存在，也导致独立董事不尽职的信息会被更多的主体知晓，令独立董事承担声誉方面的压力，督促其更尽职。我国也应借鉴这些国家建立独立董事人才市场以实现独立董事声誉激励的经验，逐步在我国建立越来越完善的独立董事人才市场，实现独立董事的监督效果，达到图 3-3 中所示的政策目标期望达到的演化状态。

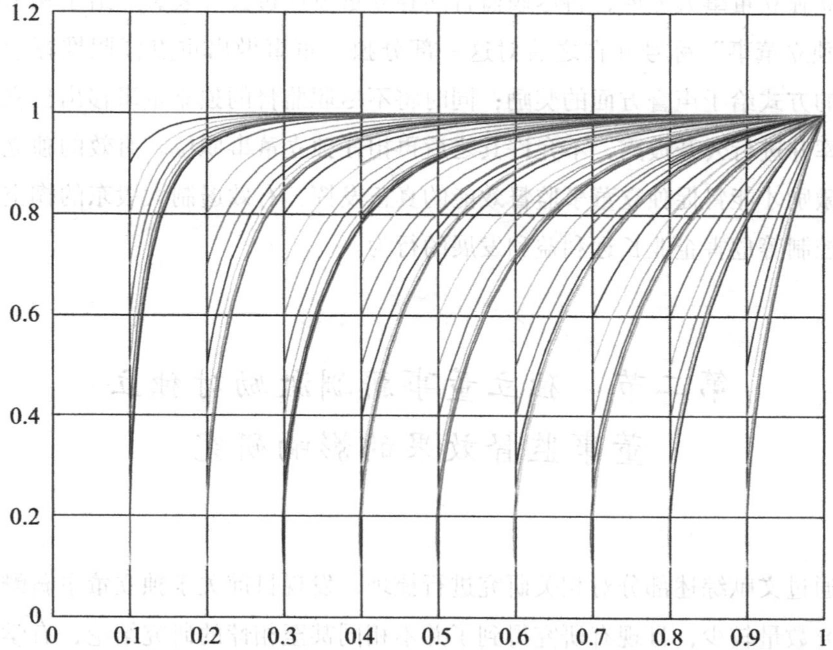

图 3-3 独立董事声誉激励参数优化下独立董事与大股东群体博弈动态演化路径图

注：此时 $PG=0.2$，$-C_2-iY+W+Z+K-C_3=0.1$，$C_1-C_4=0.02$，$E=0.3$。

五、完善独立董事声誉激励的政策建议

比之国际上证券市场相对发达、投资者保护机制较为健全、独立董事物质和声誉机制均相对有效的公司治理体系，中国公司治理机制还存在一定程度不足需要弥补，需要在理论的持续研究和实践的不断探索中进行总结、提炼，逐步找出一条最适宜中国公司治理环境的治理机制。作为一项“舶来”的旨在改良公司治理机制的制度，中国的独立董事目前所发挥的监督职能有限。参考国际公司治理相对完善国家的声誉激励办法，为完善独立董事声誉机制提高监督效果，应对独立董事顺利发挥监督职能的前提条件进行研究并改善，在目前独立董事声誉激励机制较弱的情况下，建立一套有效的独立董事声誉激励机制，使其为我国公司治理的效果发挥其应有的监督职能。

根据本研究演化博弈分析结果，应根据声誉激励产生作用的原则，完善我国独立董事人力资本市场，发挥独立董事的声誉激励作用。具体可以通过证监会建立独立董事人才库，将尽职监督的独立董事通过公开表彰、给予相关的尽职“独立董事”称号并在之后对这一部分独立董事做出重点任职推荐给上市公司的方式给予声誉方面的奖励；同时将不尽职监督的独立董事移出独立董事人才库并进行公开披露，不允许其之后再担任独立董事职位。有效的独立董事声誉激励才能督促独立董事监督效能的真正发挥，有效遏制大股东的掏空和内部人控制等危害企业长远利益和发展的行为。

第二节　独立董事薪酬激励对独立董事监督效果的影响研究

通过文献综述部分对相关研究进行梳理，发现目前关于独立董事薪酬激励的研究数量较少，且现有研究得到了并不相同甚至相悖的研究结论，有学者赞同独立董事高薪有利于其监督作用，而另一些学者反对给独立董事支付高薪，认为会影响其独立性。本研究认为，之所以现有研究中认为薪酬的高低对独立董事监督效应会产生不同影响，主要是因为现有研究未将独立董事薪酬分为固定薪酬和可变薪酬，而用统一的薪酬概念和衡量尺度加以论述显然会令研究结论和现实情况产生偏差，进而得出和现实不同甚至相反的结论。所以，本研究将根据激励相容原理，将独立董事薪酬分为固定薪酬和可变薪酬来对独立董事薪酬激励进行分析，避免将独立董事薪酬作为一个整体直接进行分析带来的困惑。这里需要指出，本研究中的固定薪酬指在公司履职的独立董事获得的固定独董津贴，其中不含有激励薪酬一类可变动物质收入，而可变薪酬则指的是赋予独立董事随公司治理效果的提升或降低而变化的薪酬激励，包括激励工资、股票期权等收入。

独立董事在履职时有可能选择敷衍监督策略或仔细监督策略，而其具体行为的选择取决于每种策略的收益，如果给予每位独立董事相同的固定薪酬，那么在仔细监督需要付出信息搜集成本和面对可能遭到大股东或内部人排挤而被迫辞职的风险的情况下，独立董事必然选择敷衍塞责，不能有效发挥其监督效能。如果在固定薪酬基础上能够设计一种可变的薪酬机制，在独立董事未发挥监督职能时给予较低的薪酬，而在其行为担负起了监督职责，保护了中小股东的利益时，给予其较高的薪酬，那么这种薪酬激励机制则是一种科学而行之有效的独立董事薪酬激励机制。

根据以上分析，本研究提出以下两个假设：

H_1：独立董事的固定薪酬不利于其监督职能的发挥。

H_2：独立董事获得随公司业绩或随中小股东收益高低而变动的激励性薪酬对其监督职能发挥有正向的影响。

考虑到独立董事群体并非完全理性而是具有有限理性和学习能力的个体组成的群体的客观事实，本研究将以演化博弈方法分析不同薪酬激励下独立董事是否履行监督职能的过程，着重分析了可能影响这一过程的各个因素尤其是薪酬激励对独立董事有效监督职能发挥的影响。

一、演化博弈模型的构建

（一）演化博弈模型的描述与假设

在表 3－2 变量定义的基础上，补充其他变量定义如表 3－4 所示。

表 3－4　　博弈模型的变量定义

变量	变量定义
Z	当对独立董事实施变动薪酬激励时，独立董事在对涉及大股东掏空行为的董事会提案上投赞成票后会受到的未来薪酬损失。这里需要指出，虽然目前证监会有明确规定不应对独立董事实施股权激励，但可以用变动薪酬而非股权的方式来制定对独立董事的薪酬激励规则。
K	当对独立董事实施变动薪酬激励时，独立董事对涉及大股东掏空行为的董事会提案上投非赞成票后为了所获得的薪酬收益。变动薪酬激励下令独立董事变动薪酬随中小股东的股权收益同增同减，*K* 即代表相应的变动薪酬收益。

（二）演化博弈模型建立

根据上述模型假设，建立如表 3－5 所示演化博弈模型。

表 3-5 博弈支付矩阵

独立董事 \ 大股东	选择掏空企业的战略	以企业利益最大化为目标制定战略
投非赞成票	$Y-C_2-iY+K-C_3$，$Q+E-PG$	$Y-C_1$，Q
投赞成票	$Y-W-Z$，$Q+E$	$Y-C_4$，Q

这里，设大股东以掏空企业为目标制定行动战略的概率为 p，设大股东以企业利益最大化为目标制定战略的概率为 $1-p$，其中 $0\leqslant p\leqslant 1$。设独立董事投非赞成票的概率为 q，投赞成票的概率为 $1-q$，其中 $0\leqslant q\leqslant 1$。

设大股东选择以企业利益最大化为目标行动的收益为 U_{11}，选择以掏空企业为目标行动的收益为 U_{12}，则：

$$U_{11} = qQ + (1-q)Q = Q \tag{3.14}$$

$$U_{12} = q(Q+E-PG) + (1-q)(Q+E) = Q+E-qPG \tag{3.15}$$

所以，大股东的期望收益为：

$$U_1 = (1-p)U_{11} + pU_{12} = (1-p)*Q + p(Q+E-qPG)$$
$$= Q + pE - pqPG \tag{3.16}$$

由此可以得到大股东的复制动态方程为（Taylor 和 jonker，1978；Friedman，1991）：

$$F(p) = dp/dt = p(U_{12}-U_1) = p(1-p)(E-qPG) \tag{3.17}$$

记 U_{21} 为独立董事投赞成票的收益，记 U_{22} 为独立董事投非赞成票的收益，则：

$$U_{21} = (1-p)(Y-C_4) + p(Y-W-Z) = Y-C_4+pC_4-pW-pZ \tag{3.18}$$

$$U_{22} = (1-p)(Y-C_1) + p(Y-C_2-iY+K-C_3)$$
$$= Y-C_1+pC_1-pC_2-piY+pK-pC_3 \tag{3.19}$$

记独立董事的期望收益为 U_2，则：

$$U_2 = (1-q)U_{21} + qU_{22} \tag{3.20}$$

则关于独立董事行动策略的复制动态方程为：

$$F(q) = dq/dt = q(U_{22}-U_2) = q(1-q)(C_4-C_1+pC_1-pC_2$$
$$-piY+pW+pZ+pK-pC_3-pC_4) \tag{3.21}$$

所以，动态系统的复制方程为：

$$\begin{cases} dq/dt = q(1-q)(C_4 - C_1 + pC_1 - pC_2 - piY + pW + pZ + pK - pC_3 - pC_4) \\ dp/dt = p(1-p)(E - qPG) \end{cases} \tag{3.22}$$

二、基于非对称演化视角的演化博弈分析

（一）大股东策略的演化稳定性分析

当 $q = E/PG$ 时，$F(p) = 0$，显然，此时所有的 p 都是平衡状态。

当 $q \neq E/PG$ 时，令 $F(p) = 0$，得 $p = 0$ 和 $p = 1$ 是 $F(p)$ 的两个均衡点。将大股东策略选择的复制动态方程对 p 求导得：

$$F(p)/dp = (1-2p)(E - qPG) \tag{3.23}$$

根据微分方程稳定性定理，只有当 $F(p)/dp < 0$ 时，所得 p 值才是演化稳定状态，下面分情况进行讨论。

根据假设，必然有 $E > 0$，$PG > 0$，所以必然有 $E/PG > 0$，此时可以分两种情况进行讨论：

1. 若 $E/PG > 1$ 时，恒有 $q < E/PG$，$p = 1$ 为演化稳定策略。其经济学含义为：这种情况下，大股东由于掏空企业被独立董事和证监会发现后受到处罚之后所获得的期望收益仍旧大于以企业利益最大化而行动的收益，因而，此时无论独立董事如何决策，大股东均会选择掏空企业的行动策略。

2. 若 $0 < E/PG < 1$，分两种情况进行分析：当 $q > E/PG$ 时，$p = 0$ 是演化稳定点；当 $q < E/PG$ 时，$p = 1$ 是演化稳定点。此时的经济学含义为：这种情况下，大股东的行为会受到独立董事监督是否尽职的影响，当大股东的行为可能受到较大程度的独立董事监督时，大股东倾向于选择以企业最大化为目标行动，反之则倾向于选择掏空企业的行动策略。

（二）独立董事策略的演化稳定性分析

当 $p = (C_1 - C_4)/(C_1 - C_2 - iY + W + Z + K - C_3 - C_4)$ 时，有 $F(q) = 0$，这种情况下所有的 q 都是平衡状态。

当 $p \neq (C_1 - C_4)/(C_1 - C_2 - iY + W + Z + K - C_3 - C_4)$ 时，令 $F(q) = 0$，有 $q = 0$ 和 $q = 1$ 两个均衡点。对独立董事行动策略的复制动态方程 $F(p)$

求导有：

$$F(q)/dq = (1-2q)(C_4 - C_1 + pC_1 - pC_2 - piY + pW + pZ + pK - pC_3 - pC_4) \tag{3.24}$$

此时根据微分方程稳定性定理可知只有当 $F(q)/dq<0$ 的 p 值是演化稳定状态的，下面分三种情况讨论：

1. 当 $(C_1-C_4)/(C_1-C_2-iY+W+Z+K-C_3-C_4)<0$ 时，有 $p>(C_1-C_4)/(C_1-C_2-iY+W+Z+K-C_3-C_4)$，$q=0$ 为演化稳定策略，这种情况意味着无论大股东选择哪种行动策略，独立董事选择投赞成票的收益均大于投非赞成票的收益，所以此时独立董事一定选择投赞成票且其选择不依赖于大股东行为。

2. 当 $0<(C_1-C_4)/(C_1-C_2-iY+W+Z+K-C_3-C_4)<1$ 时，具体分为两种情况，若 $p<(C_1-C_4)/(C_1-C_2-iY+W+Z+K-C_3-C_4)$，$q=0$ 为演化稳定点，若 $p>(C_1-C_4)/(C_1-C_2-iY+W+Z+K-C_3-C_4)$，$q=1$ 为演化稳定点。这种情况意味着独立董事的行动策略受到大股东掏空企业行为的程度影响，当大股东掏空行为十分猖獗时，独立董事倾向于投非赞成票，反之倾向于投赞成票。

3. 当 $(C_1-C_4)/(C_1-C_2-iY+W+Z+K-C_3-C_4)>1$ 时，有 $Y-C_2-iY+K-C_3<Y-W-Z$，此时 $q=0$ 为演化稳定点，这种情况意味着无论大股东选择何种策略，独立董事投赞成票的收益均大于投非赞成票的收益，此时独立董事必然会选择投赞成票的策略，并且其行为决策不依赖与大股东。

（三）独立董事和大股东策略的系统演化稳定性分析

用动态系统复制方程式对大股东和独立董事策略系统的演化进行描述，当仅当 $0<E/QG<1$，$0<(C_1-C_4)/(C_1-C_2-iY+W+Z+K-C_3-C_4)<1$ 时，系统演化共有五个复制动态均衡点为：(0，0)，(0，1)，(1，0)，(1，1)，(q^*, p^*)，其中 $q^*=E/PG$，$p^*=(C_1-C_4)/(C_1-C_2-iY+W+Z+K-C_3-C_4)$，这些均衡点的稳定性可以通过系统的雅可比矩阵的局部稳定性分析得到，雅可比矩阵为：

$$J = \begin{bmatrix} F(q)/dq & F(q)/dp \\ F(p)/dq & F(p)/dp \end{bmatrix}$$

$$= \begin{bmatrix} (1-2q)(C_4 - C_1 + pC_1 - pC_2 - piY + pW + pZ + pK - PC_3 - pC_4) & q(1-q)(C_1 - C_2 - iY + W + Z + K - C_3 - C_4) \\ p(1-p)(-PG) & (1-2p)(E - qPG) \end{bmatrix} \tag{3.25}$$

根据雅可比矩阵的局部稳定分析法，我们将分析系统在不同情形下的局部稳定性，并进行相应的数值模拟仿真。

三、独立董事不同薪酬激励下的监督效果差异分析

（一）独立董事薪酬激励现状分析

当 $-C_2 - iY + W + Z + K - C_3 < 0$ 时，E 与 PG 的大小关系对演化均衡结果不产生影响，由表 3－6 和表 3－7 可知，演化稳定策略始终为 E（0，1）。鉴于系统演化的长期性，系统将在很长的时间内保持在大股东采取掏空企业的策略行为和独立董事对大股东行为不监督的局面。由图 3－4 和图 3－5 可以发现，在初始点不变的情况下，只要 $-C_2 - iY + W + Z + K - C_3 < 0$ 的条件不变，无论 E 与 PG 的值如何变化，系统演化均衡点均为（0，1）。

表 3－6　　未建立有效独立董事薪酬激励下的系统局部稳定分析一

均衡点	$detJ$ 符号	trJ 符号	局部稳定性
E_1（0，0）	－	不确定	鞍点
E_2（0，1）	＋	－	ESS
E_3（1，0）	－	不确定	鞍点
E_4（1，1）	＋	＋	不稳定
E_5（q^*，p^*）	－	不确定	鞍点

注：当 $-C_2 - iY + W + Z + K - C_3 < 0$，$E < PG$ 时。

表 3－7　　未建立有效独立董事薪酬激励下的系统局部稳定分析二

均衡点	$detJ$ 符号	trJ 符号	局部稳定性
E_1（0，0）	－	不确定	鞍点
E_2（0，1）	＋	－	ESS
E_3（1，0）	＋	＋	不稳定
E_4（1，1）	－	不确定	鞍点
E_5（q^*，p^*）	－	不确定	鞍点

注：当 $-C_2 - iY + W + Z + K - C_3 < 0$，$E > PG$ 时。

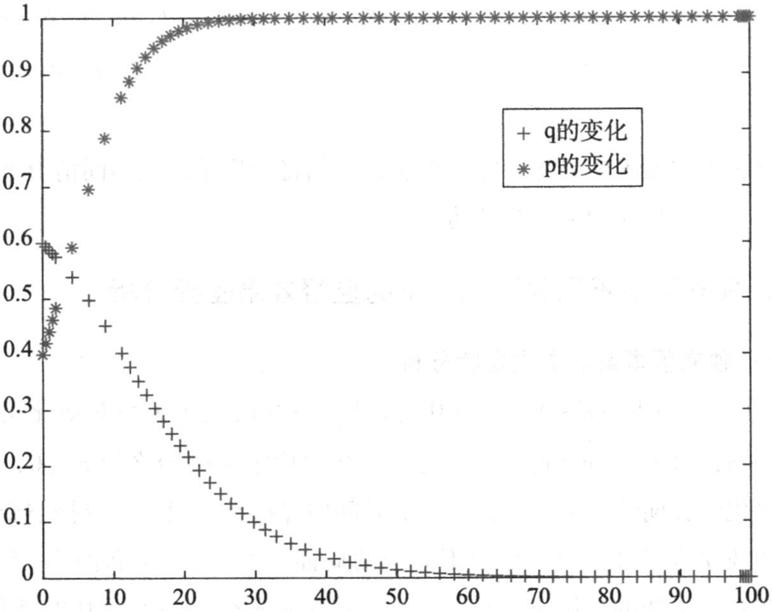

图 3－4　未建立有效独立董事薪酬激励下系统演化仿真图一

注：此时 $PG=0.2$，$-C_2-iY+W+Z+K-C_3=-0.1$，$C_1-C_4=0.02$，$E=0.3$。

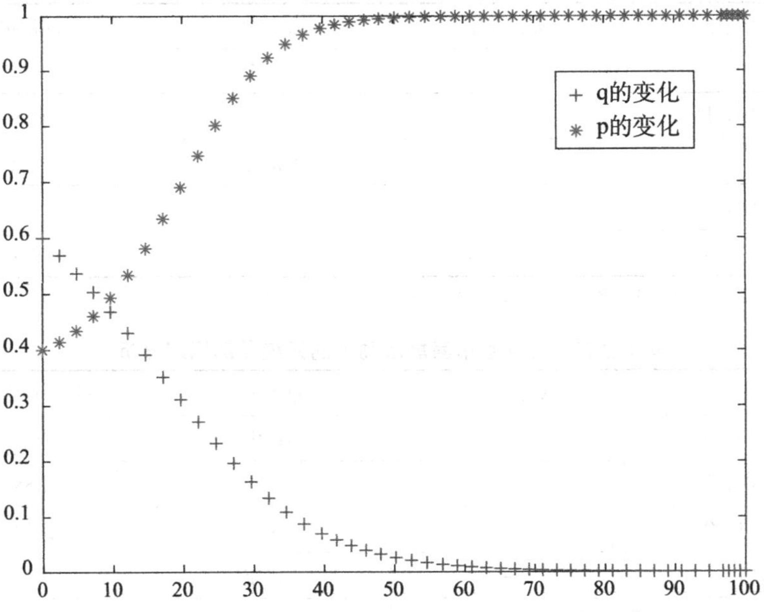

图 3－5　未建立有效独立董事薪酬激励下系统演化仿真图二

注：此时 $PG=0.3$，$-C_2-iY+W+Z+K-C_3=-0.1$，$C_1-C_4=0.02$，$E=0.2$。

目前，在中国上市公司治理中缺乏有效的独立董事声誉机制情况下，独立董事很可能在监督成本较高且薪酬激励不足时采取敷衍监督的策略，此时，即使来自证监会的处罚十分严厉，考虑到独立董事会进行敷衍监督，大股东仍会抱有不被发现的侥幸心理而选择机会主义行为为自身牟利。由于内部人控制和大股东对董事会的操纵，在中国上市公司治理现状下，$-C_2-iY+W+Z+K-C_3<0$ 的条件非常符合现实。首先，如果独立董事在董事会上对大股东的机会主义行为投非赞成票，那么其之后很可能受到大股东或其他内部人的排挤、信息刻意隐瞒，最终甚至有可能被迫辞退，这些情形会导致 C_2、C_3 和 i 的增加。其次，当前我国独立董事的固定薪酬呈现逐年递增的状态（叶康涛等，2011），即固定薪酬 Y 的值随之增大，同时由于我国缺乏有效的独立董事变动薪酬激励机制，导致 K 和 Z 的值非常小，且随着董责险的运用，独立董事可能受到的来自证监会的处罚程度即 W 极小。在以上几方因素的作用下，$-C_2-iY+W+Z+K-C_3<0$ 即是现实中发生的情形。在中国公司治理的实践中，独立董事在参与监督的过程中往往会因公司内部治理信息获取不足而掣肘，而有限的固定薪酬也往往出现激励不足的状况，加强对独立董事的薪酬激励对于改善当前状况至关重要，即独立董事薪酬激励机制的完善可以影响其监督职能的发挥，进而打破目前的稳定状态。

（二）改进后独立董事薪酬激励效果分析

当 $E-PG>0>-(-C_2-iY+W+Z+K-C_3)$ 时，由表 3-8 和图 3-6 可以看出，此时演化稳定策略变为 E（1，1）。这种情况在大股东掏空企业行为的期望收益、监督成本和独立董事固定薪酬不变且得到有效变动薪酬激励时发生，且由于系统演化的长期性，系统将在很长时间内保持在大股东采取掏空企业的行为策略同时独立董事对大股东的行为进行有效监督的局面。

首先，目前在中国上市公司治理过程中，无论证监会还是法律法规，对于内部人和大股东对独立董事排挤和刻意隐瞒公司治理信息的行为很难进行监督和处罚，所以 i、C_2 的值通常保持不变。其次，也很难直接将独立董事的固定薪酬变为变动薪酬，具体表现为 Y 的值不变。另外，已经实施的独立董事保险也较难直接取消，同时，近年来，我国关于公司治理的处罚案例中众多对于独立董事的处罚案件记录中对于独立董事的处罚往往仅仅为数额低则数千元高则不超过五万元的罚款处罚[①]，独立董事责任险的实施令这些处罚的力度大打折扣，具体表现为对于独立董事的处罚即 W 的值不变。最后，随着公司治理委托代理层级的增加和大股东掏空行为逐年递增的隐蔽性，独立董事发现大股东掏空行为需要付出的努力程度近几年也有增无减，具体表现为 C_3 的增长，而 C_3 的增长比 C_3 不变的情形更为严峻，因为同样的假设条件下 C_3 的增长会比 C_3 不变使独立董事更不容易尽职监督。综上所述，由于 W、iY、C_2 均保持不变，C_3 增大，这种情况下很难打破目前独立董事不能有效监督的状况。

需要注意，虽然令 W 增大能够促使独立董事尽职监督，但我国对于独立董事的不尽职行为除施以一定数额金钱的惩罚以外，从未有过其他处罚的实施先例。如果仓促引入例如刑事处罚等更严厉惩罚手段，那么，在当前大股东和管理者有能力对独立董事刻意隐瞒信息，独立董事获取公司治理信息难度较高和独立董事在有着本职工作的同时又在多家上市公司任职而分身乏术的情况下，很可能直接导致独立董事的大量离职，令这一本应实现有效监督的机制失去引入的初衷和作用，显然这一手段不利于独立董事监督职能的实现和政策实施的初衷。

所以，除了增加处罚力度以外，如果能够建立独立董事变动薪酬激励机制，在给予独立董事一定固定薪酬的基础之上再给予其一部分变动薪酬或以小额股权发放的形式令其收入与中小股东收益同增同减——这一措施具体表现为 Z 和 K 值的增大，那么，只要变动薪酬产生的激励足够大，独立董事就能够在关于大股东掏空行为的董事会上提出反对，实现其有效监督的职能。正如国外独立董事设立的独立董事薪酬机制一样（叶康涛等，2011），我国应考虑逐步对于独立董事设置股权和股票期权激励（张淑慧，2005；王建明，2011），令独立董事的薪酬与所任职的公司业绩以及中小股东利益挂钩（梁权熙，2016；申富平，2007）。

作为最早在公司治理中应用独立董事机制的国家，美国公司治理的过程中

---

① 数据来自证监会网站与各下年年初发布的《2016 年证监会行政处罚情况综述》《2017 年证监会行政处罚情况综述》《2018 年证监会行政处罚情况综述》报告。

没有大股东的存在，所以在其分散化股权而股东群体只包含外部中小股东的公司治理环境下，独立董事所维护的股东利益即外部中小股东的利益，通过独立董事机制发挥监督内部人的作用，而这一作用的发挥正是通过给予独立董事一定的股权激励实现的，美国独立董事薪金构成的发展也趋向于全部由公司的股票支付。正如 Martijn Cremers（2009）所指出的，独立董事在拥有对于公司股票和共同基金较高的所有权时，相应的股票和基金的表现会更好，独立董事也能更好发挥其监督职责。虽然澳大利亚投资经理协会①和《公司行为指南》明确规定独立董事不可以作为公司的大股东，但其可以参与公司的股权激励计划。比利时《卡敦报告》② 指出，允许独立董事持有有限股份作为激励。加拿大多伦多证券交易所更是明确指出独立董事可以也应该具有同公司之间的持股关系。

可以看出，国际上已经建立起较完善公司治理制度的国家均对独立董事进行了一定的股权激励，以督促其尽职监督。我国独立董事被引入的主要目的为代表中小股东的利益监督大股东，避免大股东实施掏空等损害中小股东利益的行为，美国的公司治理结构和公司治理背景虽然与我国存在差异，但美国独立董事制度的建立和实施同样是受中小股东的委托为保障中小股东的利益而实现监督经营者的目的；美国公司股权分散，单个股东利小势微，难以对公司财务和经营决策产生有效影响，其公司治理中中小股东和我国中小股东极为相似，区别在于美国公司经营权集中于公司管理层，形成事实上的“强管理者，弱所有者”形势，我国由于存在大股东，同时管理层力量偏弱，实际上形成了“强大股东，弱中小股东”的形势，因此，在引入独立董事监督方面，实际上我国和美国的引入初衷和监督目的异曲同工，因此有必要在我国建立独立董事小额股权激励等变动薪酬机制，令独立董事的薪酬能够随着中小股东的利益变动而共同变动，否则很难令独立董事站在中小股东的利益角度实现监督职责。

---

① AMIA, A Guide for Investment Managers & A Statement of Recommended Corporate Practice, Guideline 2, at p. 16 – 17.

② Brussels Stock Exchange and the Banking and Finance Commission, Corporate governance for Belgian listed companies, B2, 2.

当前我国证监会虽然仍不允许对独立董事实施股权激励，但参照其他国家的相关规定和我国上市公司治理的现状，可以考虑逐步对独立董事进行小额度股权激励，引入变动薪酬激励机制来提升独立董事履职积极性，令独立董事和中小股东的利益保持一致，进而实现对大股东和内部人控制进行更好的监督，保障外部中小投资者的利益。但给予独立董事变动薪酬中的股权激励比例和额度不应过高，过高的股权激励方面的变动薪酬在我国的公司治理背景下很难实施，而且可能会增加独立董事同大股东共谋行为发生的概率。而小额的变动薪酬方面的股权激励则可以避免上述问题，也能够同时令独立董事和中小股东的利益保持一致，进而有效履行其对于大股东掏空行为和内部人操纵损害中小股东利益的监督职能。

值得重视的一点是，如果给予独立董事一定较小额度的股权激励，应补充规定独立董事在任职期间不可对拥有的上市公司股票进行买卖，同时在任职期结束后，实行一次出售的模式。这种做法一方面保证了独立董事难以利用相关的公司内部信息优势以买卖股票的方式为自身牟利，另一方面也保证了独立董事在任期间始终和中小股东的利益“同进同退”，更有利于独立董事发挥监督作用，保护中小股东的利益；如果不制定股票激励，则必须令独立董事的薪酬和中小投资者的分红等收益相挂钩，遵循独立董事收益和中小股东利益同增同减的原则，制定相关的独立董事变动薪酬。

这里需指出的是，上述变动薪酬指的是根据独立董事的尽职程度和维护中小股东的负责程度给予独立董事的随着公司治理的状况而变动，最重要的是同中小股东的收益同增同减的一种薪酬激励手段，并不包括《关于整体上市中央企业董事及高管人员薪酬管理的意见（2008 年）》和《董事会试点中央企业董事报酬及待遇管理暂行办法（2009 年）》等相关规定中的会议津贴，会议津贴的变动虽然也令独立董事的薪酬产生变化，但对于会议的积极参加只能说明独立董事的勤勉度上升，并不能直接说明独立董事在履行监督职能方面尽职，这一点和模型中指出的变动薪酬促进独立董事监督职能的发挥有本质区别。

表 3-8　建立独立董事变动薪酬激励后系统的局部稳定分析

均衡点	*detJ* 符号	*trJ* 符号	局部稳定性
E_1（0，0）	−	不确定	鞍点
E_2（0，1）	−	不确定	鞍点
E_3（1，0）	+	+	不稳定
E_4（1，1）	+	−	*ESS*
E_5（q^*，p^*）	−	不确定	鞍点

注：当 $E-PG>0>-(-C_2-iY+W+Z+K-C_3)$ 时。

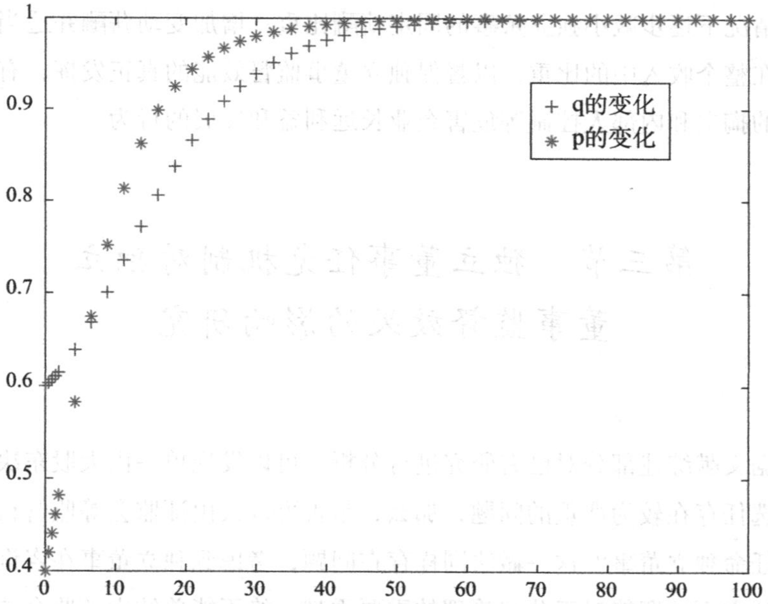

图 3-6　建立独立董事变动薪酬激励后系统的演化仿真图

注：此时 $PG=0.2$，$-C_2-iY+W+Z+K-C_3=0.1$，$C_1-C_4=0.02$，$E=0.3$。

四、完善独立董事薪酬激励的政策建议

比之国际上证券市场相对发达、投资者保护机制较为健全、独立董事物质和声誉机制均相对有效的公司治理体系，中国公司治理机制还存在一定程度的不足需要弥补，需要在理论的持续研究和实践的不断探索中进行总结、提炼，逐步找出一条最适宜中国公司治理环境的治理机制。作为一项“舶来”的旨

在改良公司治理机制的制度，中国的独立董事目前所发挥的监督职能有限。参考国际公司治理相对完善国家的股权激励办法，为完善独立董事相关机制提高监督效果，应对独立董事顺利发挥监督职能的前提条件进行研究并改善，在目前独立董事声誉机制不够健全的情况下，建立一套有效的独立董事薪酬激励机制，使其为我国公司治理的效果发挥其应有的监督职能。

根据本书演化博弈分析结果，应根据激励薪酬产生作用的原则，在明确独立董事的薪酬的分类，将独立董事薪酬分为固定薪酬和可变薪酬的情况下，将薪酬激励机制建立的重点和突破口放在提升独立董事的可变薪酬激励之上，在可能的情况下逐步减小独立董事的固定薪酬比重，增加变动薪酬并适当提高变动薪酬在整个收入中的比重，以督促独立董事监督效能的真正发挥，有效遏制大股东的掏空和内部人控制等危害企业长远利益和发展的行为。

第三节　独立董事任免机制对独立董事监督效果的影响研究

根据文献综述部分对已有研究进行分析，可以发现单一由大股东决定的独立董事选任存在较为严重的问题，那么，是否可以仅由证监会等监管机构或中小股东任命独立董事？这一做法同样存在问题，考虑到独立董事在咨询服务和战略建议方面的职能对于公司治理的重要贡献，绝不能单纯由证监会或中小股东单一主体决定独立董事的任免。独立的咨询服务、人力资本和社会资本等的输出对于上市公司而言至关重要，已有众多国内外学者对这一问题进行了论证：Fama 和 Jensen（1983）指出，董事会引入独立董事的目的不仅是监督其他董事及高层管理人员职能，还需要为公司发展提供建议，所以独立董事应具备管理知识及沟通技能；Kroll 等（2007）发现成长型上市公司更倾向于任命拥有沟通协调能力和信息处理能力的独立董事；Francis 等（2015）的研究同样指出：独立董事具备的判断与独立思考、团队合作、组织技能等特点可以为董事会治理带来异质性外部资源，有力提升企业绩效；Huang 等（2016）的研究同样证实，具备专业能力例如具有会计背景的独立董事能够发现公司治理过程中的风险，提升企业绩效；杨锴等（2018）的研究强调了在独立董事选拔过程中应注意不同独立董事的治理能力多样性，只有有效发挥不同类型独立董事的优势才能有效改善公司治理；王分棉等（2019）的研究则指出：上市公司之所以聘请学者型独立董事是因为这类独立董事能够发挥优质的战略咨询职能和资源提供职能。

在对文献综述部分相关研究进行梳理分析的基础上，考虑到独立董事咨询服务提供和战略咨询职能的重要性的前提（Francis 等，2015；Huang 等，2016；杨锴等，2018），综合已有相关研究以及我国公司治理现状即独立董事监督效果弱（唐雪松等，2010；叶康涛等，2011；宁向东等，2012）、由于选任独立董事的主体为大股东所以独立董事很难实现对于大股东的监督（崔凯等，2005；曹廷求等，2012；肖曙光，2017；周佰成等，2017）的情形，改进我国独立董事任免机制应通过如下手段：首先，令证监会通过公开招募以及整理相关优秀独立董事资料建立独立董事人才库，令证监会从独立董事人才库中派出一部分提供监督职能的独立董事进入上市公司进行监管，这部分独立董事主要发挥监管职能，且在相关提案的投票过程中这一部分独立董事应占据半数以上的投票权，另一部分由上市公司选聘的独立董事则主要提供咨询服务和战略建议职能，这样既保证了监督有效性，又保证了上市公司选聘独董的适用性和独立董事资源或战略提供的有效性。然后，对于主要发挥监督职能的这一部分独立董事，证监会应做到对这一部分独立董事的赏罚分明，对于不尽职监督的独立董事，应做出清除出库及之后禁止担任独立董事的处罚；同时对于尽职监督的独立董事做好重点培养和选任工作。

根据以上分析，本研究提出如下假设：

假设 1：使用证监会与上市公司共同选任独立董事的新任免机制能促进独立董事监督效果的实现。

假设 2：对证监会任免的独立董事，必须设计对独立董事的有效奖惩机制才能有效促进独立董事监督效果。

具体的，新的任免机制指的是令证监会建立独立董事人才储备库，主要负责选任提供监督职能的独立董事，上市公司则根据公司发展主要任命提供咨询服务、人力和资本输出以及战略职能的独立董事，同时证监会任命的这一部分独立董事在董事会上占半数以上的投票权。

一、独立董事和大股东行为的演化博弈分析

（一）模型的建立与假设

我们假设在大股东群体中，以掏空企业为目标行动的比例为 p，以企业利益最大化为目标行动的比例为 $1-p$；独立董事群体在董事会上对大股东行为出具否定意见的比例为 q，出具肯定意见的比例为 $1-q$。具体博弈情况如表 3－9 所示。

表 3－9 支付矩阵

独立董事＼大股东	选择掏空企业的战略	以企业利益最大化为目标制定战略
出具否定意见	$Y-C_2-iY+jY-C_3$，$Q+E-PG$	$Y-C_1$，Q
出具肯定意见	$Y-W-kY$，$Q+E-nG$	$Y-C_4$，Q

具体变量定义说明如下，在表 3－2 变量定义的基础上，补充以下变量定义：如果能够改进独立董事任免机制，令独立董事的任免由证监会与上市公司共同决定，其中，证监会应建立独立董事人才储备库，主要负责选任提供监督职能的独立董事，上市公司则根据公司发展需求主要任命提供咨询服务、人力和社会资本输出以及战略职能的独立董事，证监会任命的这一部分独立董事应在董事会上占半数以上的投票权；同时对于证监会任免的这一部分独立董事，应做到对于不尽职监督独立董事清库以及对于尽职监督独立董事的重点选任，那么这一新的任免机制能促进独立董事监督效果的实现，一定程度上就能够实现独立董事的“赏罚分明”。具体实施层面，首先，当独立董事因对于大股东掏空行为投非赞成票而遭遇大股东的刻意排挤、无法获取真实公司治理信息而被迫离职时，可以向证监会提交一份独立董事离职说明报告，证监会核实后能够将这一部分独立董事重新纳入独立董事人才库，并重点作为之后公司监督方面的独立董事候选人，这种情况下，独立董事在因尽职监督而遭受排挤被迫离职后有一定的概率 j 重新获得新的独立董事职位（j 可以理解为经济学中的

“摩擦性失业”），再次获得固定薪酬 Y（考虑到独立董事获得的不同固定薪酬大小对模型分析结果影响较小，此外根据证监会网站公布的独立董事薪酬数据可以发现独立董事的薪酬数量趋于逐年递增，递增的薪酬只会强化任免机制改进后的模型分析结果而不会产生其他影响，所以为简化分析，本研究假设独立董事获得新职位后的固定薪酬仍旧为 Y）；然后，如果独立董事对于大股东掏空行为的董事会提案投赞成票，则在之后大股东的掏空行为有一定的概率 n 被证监会发现，之后未尽职监督的独立董事会被证监会建立的独立董事人才库移除，失去以后任职独立董事的机会，因为独立董事能够协助证监会完成对于上市公司违法行为的查处，所以 $n<P$，同时 $E>nG$，否则大股东掏空的期望收益始终小于不掏空，那么大股东根本不会实施掏空行为，而现实中大股东掏空的现象常有发生，所以根据现实本研究假设 $E>nG$。

（二）博弈参与群体决策分析

1. 大股东群体决策分析

当大股东选择以企业利益最大化为目标行动，那么期望收益为 U_{11}，反之，如果大股东以掏空企业为目标行动，期望收益为 U_{12}，即有：

$$U_{11} = qQ + (1-q)Q = Q \tag{3.26}$$

$$U_{12} = q(Q+E-PG) + (1-q)(Q+E-nG) = Q+E-nG+qnG-qPG \tag{3.27}$$

因此，平均收益 U_1 为：

$$U_1 = (1-p)U_{11} + pU_{12} \tag{3.28}$$

博弈过程中大股东群体的复制动态方程：

$$F(p) = dp/dt = p(U_{12}-U_1) = p(1-p)(E-nG+qnG-qPG) \tag{3.29}$$

进化稳定策略需满足 $F(p)=0$ 且 $F'(p)<0$，求导得：

$$F'(p) = (1-2p)(E-nG+qnG-qPG) \tag{3.30}$$

因此，当 $F(p)=0$ 时，$p_1=0$，$p_2=1$，$q^*=E/PG$。

当 $q=q^*$ 时，$F(p)=0$，$F'(p)=0$ 显然，此时所有的 p 都是平衡状态。即所有 p 值均处于稳定状态。说明当独立董事以 $(E-nG)/(PG-nG)$ 的水平投非赞成票时，无论大股东何种行动，收益没有区别。

当 $q<q^*$ 时，$p_1=0$ 和 $p_2=1$ 是 p 的两个可能的稳定状态点，由于 $F(0)=0$，$F'(0)>0$ 及 $F(1)=0$，$F'(1)<0$，因此，$p=1$ 时是唯一的演化稳定策略。说明当独立董事以低于 $(E-nG)/(PG-nG)$ 的水平对大股东的行为出具反对意见时，大股东由“以企业利益最大化为目标制定战略”策略向“选择掏空企业的战略”策略转移，“掏空企业的战略”成为演化稳定策略。

同理，当 $q>q^*$ 时，$p=0$ 时是唯一的演化稳定策略。此时，当独立董事以高于 $(E-nG)/(PG-nG)$ 的水平对大股东的行为出具反对意见时，大股东由“选择掏空企业的战略”策略向“以企业利益最大化为目标制定战略”的策略转移，“以企业利益最大化为目标制定战略”策略成为演化稳定策略。

2. 独立董事群体决策分析

独立董事出具肯定意见的期望收益为 U_{21}，反之为 U_{22}，即有：

$$U_{21} = (1-p)(Y-C_4) + p(Y-W-kY) = Y - C_4 + pC_4 - pW - pkY \tag{3.31}$$

$$\begin{aligned} U_{22} &= (1-p)(Y-C_1) + p(Y-C_2-iY+jY-C_3) \\ &= Y - C_1 + pC_1 - pC_2 - piY + pjY - pC_3 \end{aligned} \tag{3.32}$$

因此，平均收益 U_2 为：

$$U_2 = (1-q)U_{21} + qU_{22} \tag{3.33}$$

博弈过程中独立董事群体的复制动态方程：

$$\begin{aligned} F(q) = dq/dt = q(U_{22}-U_2) = q(1-q)(C_4 - C_1 + pC_1 \\ - pC_2 - piY + pW + pjY + pkY - pC_3 - pC_4) \end{aligned} \tag{3.34}$$

进化稳定策略需满足 $F(q)=0$ 且 $F'(q)<0$，求导得：

$$F'(q) = (1-2q)(C_4 - C_1 + pC_1 - pC_2 - piY + pW + pjY + pkY - pC_3 - pC_4) \tag{3.35}$$

因此，当 $F(q)=0$ 时，$q_1=0$，$q_2=1$，$p^*=(C_1-C_4)/(C_1-C_2-iY+W+jY+kY-C_3-C_4)$。

(1) 当 $p=p^*$ 时，$F(p)=0$，$F'(p)=0$ 显然，此时所有的 q 都是平衡状态。即所有 q 值均处于稳定状态。说明当大股东以 $(C_1-C_4)/(C_1-C_2-iY+$

$W+jY+kY-C_3-C_4$）的水平掏空企业时，无论独立董事何种行动，收益没有区别。

当 $p<p^*$ 时，$q_1=0$ 和 $q_2=1$ 是 q 的两个可能的稳定状态点，由于F（0）$=0$，F'（0）<0 及 F（1）=0，F'（1）>0，因此，$q=0$ 时是唯一的演化稳定策略。说明当大股东以低于（$C_1-C_4)/(C_1-C_2-iY+W+jY+kY-C_3-C_4$）的水平掏空企业时，独立董事由“出具否定意见”策略向“出具肯定意见”策略转移，“出具肯定意见”成为演化稳定策略。

同理，当 $p>p^*$ 时，$q=1$ 时是唯一的演化稳定策略。此时，当大股东以高于（$C_1-C_4)/(C_1-C_2-iY+W+jY+kY-C_3-C_4$）的水平掏空企业时，独立董事由“出具肯定意见”策略向“出具否定意见”策略转移，“出具否定意见”策略成为演化稳定策略。

（2）当（$C_1-C_4)/(C_1-C_2-iY+W+jY+kY-C_3-C_4$）<0 时，独立董事投非赞成票的成本始终高于收益，无论大股东采取何种策略，独立董事始终会选择“出具肯定意见”策略。

（三）独立董事与大股东策略的演化博弈分析

根据复制动态方程均衡点的稳定性，即雅可比矩阵的局部稳定性（Friedman，1998）分析得到：

$$J=\begin{bmatrix} F(q)/dq & F(q)/dp \\ F(p)/dq & F(p)/dp \end{bmatrix}$$

$$=\begin{bmatrix} (1-2q)(-C_1+pC_1-pC_2-piY+pjY+pkY+pW-PC_3-pC_4) & q(1-q)(C_1-C_2-iY+jY+kY+W-C_3-C_4) \\ p(1-p)(nG-PG) & (1-2p)(E-qPG-nG+qnG) \end{bmatrix} \tag{3.36}$$

雅可比矩阵对应的行列式和迹为：

$$\det.J=F(q)/dq\cdot F(p)/dp-F(q)/dp\cdot F(p)/dq \tag{3.37}$$

$$tr.J=F(q)/dq+F(p)/dp \tag{3.38}$$

根据上式对各个均衡点进行分析，计算得到的稳定性结果如表 3－10 所示。

表 3-10　　演化博弈系统雅可比矩阵分析

局部均衡点	det. J	tr. J	稳定性
O (0, 0)	-	不确定	鞍点
A (0, 1)	+	-	*ESS*
B (1, 1)	+	-	*ESS*
C (1, 0)	不确定	不确定	非 *ESS*
D (q^*, p^*)	不确定	0	鞍点

将二者进化稳定策略用二维坐标平面表示，如图 3-7 所示，其中，横轴表示独立董事的策略，纵轴表示大股东的策略。

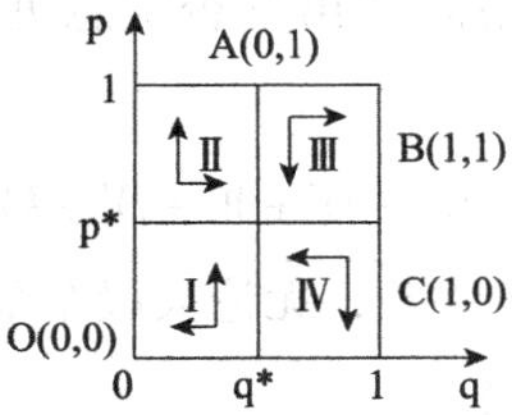

图 3-7　独立董事与大股东群体演化博弈相位轨迹图

由图 3-7 可知，当 $q<q^*$，$p<p^*$ 时，博弈双方选择策略为：{不出具反对意见，选择掏空企业的战略}，即大股东选择掏空企业的战略同时独立董事对其行为未出具反对意见。其中区域Ⅰ的面积占总体面积比为双方选择该策略时的概率。同理，其中区域Ⅱ（1，1）、Ⅲ（1，0）、Ⅳ（0，0）的面积占总体面积比分别为双方选择｛出具反对意见，选择掏空企业的战略｝、｛出具反对意见，以企业利益最大化为目标制定战略｝、｛未出具反对意见，以企业利益最大化为目标制定战略｝策略时的概率。此外，A（0，1）和 B（1，1）是双方在博弈中的进化稳定策略，而另外的 O、C、D 三个点由于不收敛、不抗干扰，因此不是稳定点，其中 D（q^*，p^*）是影响博弈结构演化特性改变的鞍点。

（四）演化博弈仿真分析

根据图 3-7 的相位图可知，演化博弈中共有两个 *ESS* 稳定点，具体最终将收敛于（0，1）或（1，1）点需根据具体情形进行分析。

1. 改进独立董事任免机制前的演化均衡分析

目前，我国上市公司治理由于缺乏科学的独立董事任免机制，独立董事如果选择在董事会上对大股东掏空行为投非赞成票，那么由于当前任免机制的缺陷即独立董事任职与否的决定权掌握在被监督者手中，大的控股股东在发现独立董事“不听话”后，很可能对其进行故意排挤和隐瞒公司治理信息作为惩罚，这一现象的具体表现为 C_2、C_3 和 i 的值增大以及 j 和 k 的值为 0，然后，当前我国独立董事的固定薪酬呈现逐年递增的状态，也即固定薪酬 Y 的值逐年增大，由于独立董事责任险的应用，独立董事因不尽职行为可能受到的来自证监会的处罚程度 W 降低——在以上因素的共同作用下，条件 $-C_2-iY+W+jY+kY-C_3<0$ 被满足。因此，在中国上市公司治理现状下，由于条件被满足，导致了演化稳定状态 E（0，1），这一状态下，系统将长期保持大股东实施掏空等违规行为同时独立董事不出具否定意见的局面。在这一条件下任意取值可得模拟仿真图如图 3-8 所示，由图 3-8 可以发现，在将初始点设定为（0.6，0.4）的情况下，系统演化均衡点将收敛于（0，1）点。

在当前我国公司治理现状之下，由于独立董事选聘机制缺陷、上市公司将真实信息向独立董事故意隐瞒以及独立董事责任险对独立董事监督效果的负面影响，独立董事监督效果较弱，必须改变这一情形，打破目前的演化稳定状态，这就要通过改善独立董事任免机制缺陷才能令其监督效能得以发挥。

在拥有较高独立董事监督有效性的英国和美国，新独立董事的任免是由上市公司的已有独立董事团体任命的，而由于这两个国家的上市公司内部不存在较强势地位的控股股东，所以已有独立董事团体又是由中小股东选举出来的，所以这一任免机制才能够发挥作用；而我国独立董事由于是由大股东任命，而再次任命过程还是大股东起着决定性的作用，所以，监督有效性必定难以保障，无法真正维护中小股东的利益和抑制大股东的违规违法行为，因此，改进当前任免机制至关重要。

2. 改进独立董事任免机制后的演化均衡分析

在大股东掏空行为的期望收益、监督成本和独立董事固定薪酬等不变的情况下，在改善了独立董事任免机制缺陷的情况下，如果独立董事的任免机制缺陷能够改善，就能令证监会与上市公司共同选任独立董事，证监会建立独立董

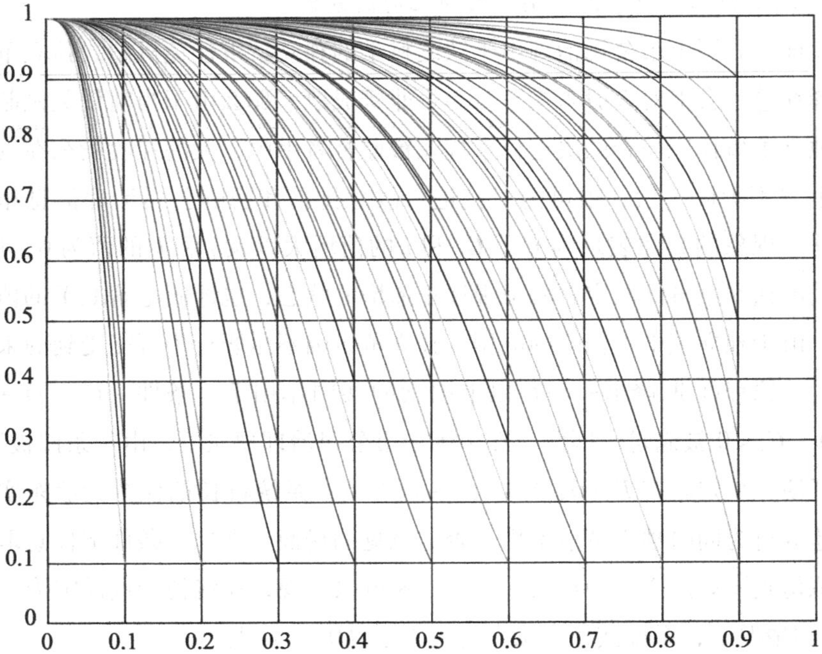

图 3-8 任免机制改进前独立董事与大股东群体的博弈动态演化路径图

注：此时 $PG-nG=0.2$，$-C_2-iY+W+jY+kY-C_3=-0.1$，$C_1-C_4=0.02$，$E-nG=0.3$。

事人才储备库，主要负责选任提供监督职能的独立董事，上市公司则根据公司发展主要任命提供咨询服务、人力和资本输出以及战略职能的独立董事，同时证监会任命的这一部分独立董事在董事会上占半数以上的投票权，另外，对于证监会任免的这一部分独立董事，证监会应做到对于不尽职监督的独立董事清库以及对于尽职监督的独立董事的重点选任，实现对独立董事的有效奖惩。

以上措施作用于演化博弈模型中，具体表现为 $j>0$，$k>0$，同时，随着独立董事奖惩机制开始发挥作用，具备半数以上投票权的“监督型”独立董事很难被排挤，隐瞒信息方面难度也相对提升，众多“监督型”独立董事也容易形成监督合力，即 i 的值和 C_2、C_3 的值变小；另外，由于我国独立董事固定薪酬逐年递增，即固定薪酬 Y 的值随之增大，原本的情况下固定薪酬 Y 的增大不利于独立董事尽职监督，但由于改进了任免机制使得 j 和 k 大于 0，只要这两个变量的值足够大，那么这一变化必定会令 Y 增大的同时促进独立董事出具反对意见也即 $-C_2-iY+W+jY+kY-C_3>0$ 情形的出现——即由于设计了有效的独立董事任免机制，整体演化沿着促进独立董事监督效果的方向改进，这些变化最终能够导致演化稳定状态 E（1，1）的出现，这一状态下，系统将长期保持大股东实施掏空等违规行为同时独立董事出具否定意见的局面。在这一条件下取值可得模拟仿真图如图 3－9 所示，由图 3－9 可以发现，在将初始点设定为（0.6，0.4）的情况下，系统演化均衡点将收敛于（1，1）点。最终，独立董事任免机制的完善使得独立董事群体中越来越多的独立董事出具否定意见，群体策略也逐步向独立董事出具否定意见的方向演化，最终出现图 3－9 中的演化状态。从图 3－9 中可以发现，在独立董事任免机制的作用下，独立董事监督效果弱的现象逐步消失，独立董事监督职能开始逐渐发挥。

这里需要补充的十分重要的一点是，通过分析可以发现，改进后的任免机制也存在一定的问题，这种任免机制条件下证监会选出的“监督型”独立董事权力可能过大，进而滋生独立董事权力寻租或甚至干扰上市公司正常运营的现象。这一问题可以通过建立独立董事声誉机制来抑制独立董事的这类行为，可以考虑通过建立独立董事人才库以及逐步完善我国独立董事人力资本市场，发挥独立董事的声誉奖惩作用，抑制这些可能的负面影响；具体可以通过证监会建立独立董事人才库，将尽职的独立董事给予声誉方面的奖励例如公开表彰、给予相关的尽职“独立董事”称号，同时将不尽职的独立董事移出独立董事人才库，同时进行公开批评令这一类独立董事受到声誉方面的负面影响。由于热衷于获得声誉和惧怕声誉损失的独立董事群体对于声誉激励极为敏感（陈艳，2009；李焰等，2011），因而这些手段能够通过独立董事声誉机制遏制可能出现的负面影响。

二、完善独立董事任免机制的政策建议

比之国际上证券市场相对发达、投资者保护机制较为健全、独立董事任免机制和声誉机制均相对有效的公司治理体系，中国公司治理机制还存在一定程度的不足需要弥补，需要在理论的持续研究和实践的不断探索中进行总结、提炼，逐步找出一条最适宜中国公司治理环境的治理机制。作为一项“舶来”的旨在改良公司治理机制的制度，中国的独立董事目前所发挥的监督职能有限。为完善独立董事任免机制、提高监督效果，应对独立董事顺利发挥监督职

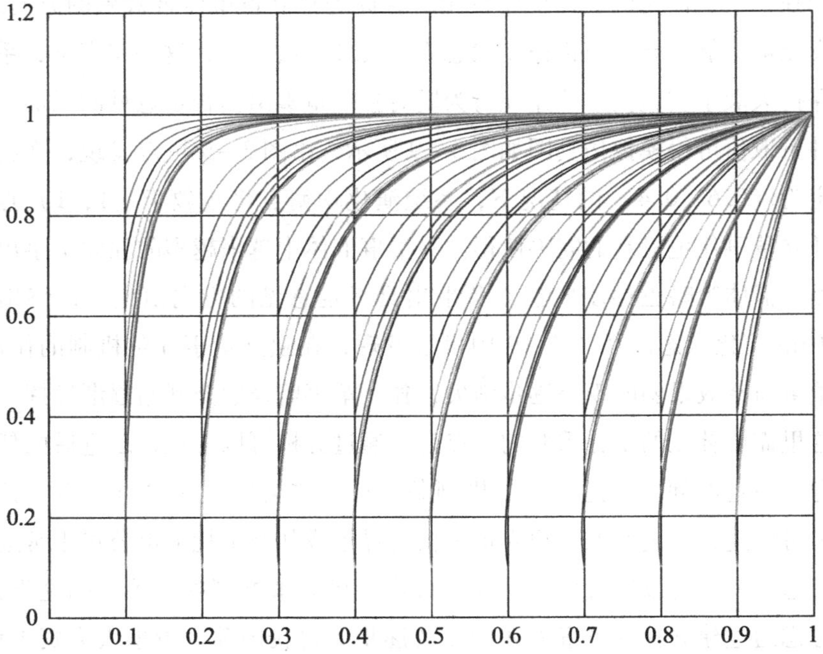

图 3-9　有效独立董事任免机制条件下独立董事与大股东群体博弈动态演化路径图

注：此时 $PG-nG=0.2$，$-C_2-iY+W+jY+kY-C_3=0.1$，$C_1-C_4=0.02$，$E-nG=0.3$。

能的前提条件进行研究并改善，在目前独立董事任免机制存在问题的情况下，建立一套有效的独立董事任免机制，使其为我国公司治理的效果发挥应有的监督职能。

根据本研究演化博弈分析结果，应根据任免机制产生作用的原则改进独立董事任免机制。具体可以通过使用证监会与上市公司共同选任独立董事的任免机制，由证监会建立独立董事人才储备库，主要负责选任提供监督职能的独立董事，上市公司则根据公司发展主要任命提供咨询服务、人力和资本输出以及战略职能的独立董事，同时证监会任命的这一部分独立董事在董事会上占半数以上的投票权，另外在此基础上对证监会任免的这一部分独立董事做到对不尽职监督的独立董事进行清库以及对于尽职监督的独立董事进行重点选任，实现对独立董事的有效奖惩，同时发挥好声誉机制对于规范独立董事行为的辅助作用。有效而具备实践意义的独立董事任免机制才能督促独立董事监督效能真正发挥，有力遏制大股东的掏空和内部人控制等危害企业长远利益和发展的行为。

第四节　独立董事履职能力对独立董事监督效果的影响研究

通过文献综述部分对相关文献进行梳理总结可以发现，独立董事是一个同时提供监督职能和咨询服务职能的主体，其在被选任的过程中大股东和管理者必然会从独立董事能够为公司提供人力资本和社会资本的数量以及其“听话”与否的整体角度来考虑是否对其进行聘任或支持其连任——所以，独立董事对于涉及公司治理违规行为的董事会议案投非赞成票与否的决策必然会同独立董事能够为公司提供的人力资本和社会资本数量的高低存在关联，因为独立董事咨询服务能力的高低直接关系到其是否能够建立同内部控制者良好的合作关系，进而直接决定了独立董事是否能获取公司治理的有效信息并最终影响其是否能实现有效监督的决策。

基于目前相关的研究成果很少，相比国外而言，在这一方面国内的研究成果极少，研究深入性和系统性方面存在着很大的局限性，因此，本节从这一角度出发，在将独立董事分为具备不同人力资本和社会资本提供能力个体的基础之上，考虑到基于独立董事群体并非由完全理性而是由具有有限理性和学习能力的个体组成的群体组成的客观事实，以演化博弈的视角分析了不同履职能力的独立董事对于是否履行监督职能决策的演化过程，着重分析了可能影响这一过程的各个因素尤其是拥有的人力资本和社会资本高低对于独立董事有效监督职能发挥的影响，力图为完善独立董事监督机制贡献微薄之力。

根据以上分析，本研究假设：

a. 履职能力较低的独立董事在有关大股东掏空等违规行为的董事会提案上投非赞成票的可能性更低。

b. 履职能力较高的独立董事在有关大股东掏空等违规行为的董事会提案上投非赞成票的可能性较高。

对于履职能力较低的独立董事，由于在上市公司治理中仅能够提供较低的人力资本和社会资本，在公司治理中能够输出的价值较低，较难同公司的内部管理者建立较好的关系，因而考虑到其投非赞成票后其他大股东或管理者很有可能对其实施事后有针对性的报复行为，导致事后独立董事同公司治理的相关主体进行沟通合作的可能性下降，所以这一类独立董事在有关大股东掏空等违规行为的董事会提案上投非赞成票的可能性更低；而对于在上市公司治理中能够提供较高的人力资本和社会资本输出的独立董事而言，由于其在公司治理中能够输出的价值较高，更容易同公司的内部管理者建立较好的关系，因而考虑到其投非赞成票后其他大股东或管理者对其实施事后针对行为的概率较低，即使投了非赞成票，独立董事同公司治理的相关主体进行沟通合作的可能性不一定会受到影响，所以在有关大股东掏空等违规行为的董事会提案上投非赞成票的可能性更高。本研究中的人力资本输出指的是独立董事具有的专业技能、沟通技能等独立董事有效履职所需要的能力；社会资本指独立董事拥有的社会关系背景等方面的能够协助公司治理的能力。

一、演化博弈模型的构建

（一）演化博弈模型的描述与假设

在表3－2变量定义的基础上，本研究补充变量定义如表3－11所示。

表3－11　　变量定义

k	独立董事获取公司治理真实信息的难度系数，由于独立董事给企业带来的人力资本和社会资本高低不同，因而独立董事能够获取公司治理真实信息的难度也不同，本研究用这一系数表示具备不同人力资本和社会资本的独立董事对于获取公司治理信息的难度差异，具有高的协助公司能力的独立董事能够通过与内部管理者建立较好的个人合作关系，更容易获取关于公司治理的真实信息，表现为较低的 k，反之，则较难建立同公司内部人之间的友好联系，获取公司治理的相关信息难度较高，也即较高的 k 值，本研究假设 $0 \leq k \leq 1$。
A	独立董事拥有的履职能力对大股东排挤行为影响程度的参数，这一参数的具体含义为：当独立董事面对大股东掏空企业的行为投反对票时，大股东在考虑到独立董事拥有的履职能力以及在独立董事以其履职能力在履行咨询服务职能过程中为大股东和公司长远发展做出的贡献，对独立董事施加排挤等行为时会有一定的概率减轻对独立董事的排挤行为，特殊情况下，甚至可能因为独立董事为公司带来的贡献较高，放弃对独立董事的排挤，也即 $A = i$ 的情形，本研究假设 $A < i$ 或 $A = i$。

续表

U	由于独立董事往往具有一定履职能力，在大股东制定以企业利益最大化为目标的公司战略时，独立董事投赞成票后会通过发挥咨询服务功能，给大股东实施董事会议案的过程献计献策，最终为大股东带来额外的收益 U，考虑到大股东的掏空行为对自身额外收益的获得程度较高，所以本研究假设 $U<E$；同时本研究假设大股东掏空行为在遭遇查处之后受到的掏空惩罚的期望损失大于独立董事的履职能力能够给大股东带来的收益，即 $PG>U$。

因此，建立演化博弈模型如表 3-12 所示。

表 3-12　支付矩阵

独立董事 \ 大股东	选择掏空企业的战略	以企业利益最大化为目标制定战略
投非赞成票	$Y-C_2-(i-A)Y-kC_3$，$Q+E-PG$	$Y-C_1$，Q
投赞成票	$Y-W$，$Q+E$	$Y-kC_4$，$Q+U$

（二）演化博弈模型的建立

接下来结合演化博弈和复制动态方程探讨上述模型的纳什均衡策略和占优策略，进一步分析二者博弈行为的演化过程。首先，设大股东以掏空企业为目标行动的概率为 p，则其以企业利益最大化为目标行动的概率为 $1-p$；独立董事在董事会上对大股东行为投非赞成票的概率为 q，投赞成票的概率为 $1-q$。

并且满足 $0 \leqslant p \leqslant 1$，$0 \leqslant q \leqslant 1$。

设大股东选择以企业利益最大化为目标行动的收益为 U_{11}，选择以掏空企业为目标行动的收益为 U_{12}。则：

$$U_{11} = qQ + (1-q)(Q+U) = Q + U - qU \tag{3.39}$$

$$U_{12} = q(Q+E-PG) + (1-q)(Q+E) = Q + E - qPG \tag{3.40}$$

所以，大股东的期望收益为：

$$\begin{aligned} U_1 &= (1-p)U_{11} + pU_{12} = (1-p)(Q+U-qU) + p(Q+E-qPG) \\ &= Q + pE - pqPG + U - qU - pU + pqU \end{aligned} \tag{3.41}$$

由此可以得到大股东的复制动态方程为（Taylor 和 jonker，1978；Friedman，1991）：

$$F(p) = dp/dt = p(U_{12} - U_1) = p(1-p)(E - qPG - U + qU) \tag{3.42}$$

同理，设独立董事投赞成票的收益为 U_{21}，投非赞成票的收益为 U_{22}，则：

$$U_{21} = (1-p)(Y-kC_4) + p(Y-W) = Y - pW - kC_4 + pkC_4 \quad (3.43)$$

$$\begin{aligned} U_{22} &= (1-p)(Y-C_1) + p[Y - C_2 - (i-A)Y - kC_3] \\ &= Y - C_1 + pC_1 - pC_2 - piY - pkC_3 + pAY \end{aligned} \quad (3.44)$$

所以，独立董事的期望收益为：

$$U_2 = (1-q)U_{21} + qU_{22} \quad (3.45)$$

由此可以得到独立董事的复制动态方程为（Taylor 和 jonker，1978；Friedman，1991）：

$$\begin{aligned} F(q) = dq/dt = q(U_{22} - U_2) &= q(1-q)(-C_1 + pC_1 - pC_2 \\ &- piY + pAY + pW + kC_4 - pkC_3 - pkC_4) \end{aligned} \quad (3.46)$$

因此，根据以上分析，有动态系统的动态复制方程式为：

$$\begin{cases} dq/dt = q(1-q)(-C_1 + pC_1 - pC_2 - piY + pAY + pW + kC_4 - pk_3 - pkC_4) \\ dp/dt = p(1-p)(E - qPG - U + qU) \end{cases} \quad (3.47)$$

二、基于非对称演化视角的演化博弈分析

（一）大股东群体策略的演化稳定性分析

当 $q=(E-U)/(PG-U)$ 时，$F(p)=0$，显然，此时所有的 p 都是平衡状态。

当 $q \neq (E-U)/(PG-U)$ 时，令 $F(p)=0$，得 $p=0$ 和 $p=1$ 是 $F(p)$ 的两个均衡点。将大股东策略选择的复制动态方程对 p 求导得：

$$F(p)/dp = (1-2p)(E - qPG - U + qU) \quad (3.48)$$

根据微分方程稳定性定理，只有当 $F(p)/dp<0$ 时，所得 p 值才是演化稳定状态，下面分情况进行讨论。

根据假设，必然有 $E>U$，$PG>U$，所以必然有 $(E-U)/(PG-U)>0$，此时可以分两种情况进行讨论：

a. 若 $(E-U)/(PG-U)>1$ 时，恒有 $q<(E-U)/(PG-U)$，$p=1$ 为演化稳定策略。其经济学含义为：这种情况下，即使大股东实施掏空等违规行为被独立董事识别并最终受到来自证监会的惩罚，但由于大股东实施掏空等违规行为所获得的期望收益仍大于不实施掏空等违规行为获得的收益，因此，此时

大股东必定会选择实施掏空企业等违规行为的行动策略，且独立董事的行动策略不会对大股东的决策产生影响。

b. 若 $0<(E-U)/(PG-U)<1$，分两种情况进行分析：当 $q>(E-U)/(PG-U)$ 时，$p=0$ 是演化稳定点；当 $q<(E-U)/(PG-U)$ 时，$p=1$ 是演化稳定点。此时的经济学含义为：这种情况下，大股东的行为会受到独立董事监督是否尽职的影响，当大股东的行为可能受到较大程度的独立董事监督时，大股东倾向于选择以企业最大化为目标行动，反之则倾向于选择掏空企业的行动策略。这里值得强调的一点是：因为 $q^{*}=(E-U)/(PG-U)=1+(E-PG)/(PG-U)$，所以，随着 U 值增大即独立董事的咨询决策功能给企业带来的业绩提升，独立董事的演化均衡 q^{*} 点会相应增大，因此，此时大股东的行为会更容易向为了企业目标最大化而行动的方向靠拢。即独立董事的履职能力提升有利于大股东选择符合企业长远发展和长期利益的行动策略，这一点证实了前文文献论述中所提及的：独立董事履职能力提升有利于抑制大股东掏空行为，降低掏空等违规行为发生的概率。

（二）独立董事群体策略的演化稳定性分析

当 $p=(C_1-kC_4)/(C_1-C_2-iY+AY+W-kC_3-kC_4)$ 时，$F(q)=0$，显然，此时所有的 q 都是平衡状态。

当 $p\neq(C_1-kC_4)/(C_1-C_2-iY+AY+W-kC_3-kC_4)$ 时，令 $F(q)=0$ 得 $q=0$ 和 $q=1$ 是 $F(q)$ 的两个均衡点。将独立董事策略选择的复制动态方程对 q 求导得：

$$F(q)/dq=(1-2q)(C_1-kC_4)/(C_1-C_2-iY+AY+W-kC_3-kC_4) \tag{3.49}$$

根据微分方程稳定性定理，只有当 $F(q)/dq<0$ 时，所得 q 值才是演化稳定状态，下面分三种情况进行讨论：

a. 当 $(C_1-kC_4)/(C_1-C_2-iY+AY+W-kC_3-kC_4)<0$ 时，由于 $C_1-kC_4>0$，有 $p>(C_1-kC_4)/(C_1-C_2-iY+W+AY-kC_3-kC_4)$，此时 $q=0$ 为演化稳定策略。经济学含义为：这种情况下，无论大股东如何行动，独立董事选择投赞成票的收益均大于投非赞成票，因此，这种情况下独立董事必然选择投赞成票，其决策不依赖于大股东的行为。

b. 当 $(C_1-kC_4)/(C_1-C_2-iY+AY+W-kC_3-kC_4)>1$ 时，有 $-C_2-iY+AY+W-kC_3<0$ 且 $C_1-C_2-iY+AY+W-kC_3>0$，此时，由 $-C_2-iY+AY+W-kC_3<0$ 可知不等式 $Y-C_2-(i-A)*Y-kC_3<Y-W$ 成立，此时 $q=0$ 为演化稳定策略。经济学含义为：这种情况下，无论大股东如何行动，独立董事选择投赞成票的收益均大于投非赞成票，因此，这种情况下独立董事必然选择投赞成票，其决策不依赖于大股东的行为。

c. 当 $0<(C_1-kC_4)/(C_1-C_2-iY+AY+W-kC_3-kC_4)<1$ 时，分两种情况进行分析：当 $p<(C_1-kC_4)/(C_1-C_2-iY+AY+W-kC_3-kC_4)$ 时 $q=0$ 是演化稳定点；当 $p>(C_1-kC_4)/(C_1-C_2-iY+AY+W-kC_3-kC_4)$ 时 $q=1$ 是演化稳定点。此时的经济学含义为：这种情况下，独立董事的行为会受到大股东掏空企业程度的影响，当大股东的掏空行为十分猖獗时，独立董事会倾向于在相关董事会议案上投非赞成票，反之则倾向于对于其决策投赞成票。

（三）独立董事和大股东策略的系统演化稳定性分析

由动态系统复制方程式来描述大股东和独立董事策略系统的演化，当仅当 $0<(E-U)/(PG-U)<1$，$0<(C_1-kC_4)/(C_1-C_2-iY+W+AY-kC_3-kC_4)<1$ 时，可以得出系统演化总共有五个复制动态均衡点为：(0，0)，(0，1)，(1，0)，(1，1)，$(q^*，p^*)$，其中 $q^*=(E-U)/(PG-U)$，$p^*=(C_1-kC_4)/(C_1-C_2-iY+W+AY-kC_3-kC_4)$，按照 Friedman 提出的方法，对于由微分方程系统描述的群体动态，其均衡点的稳定性可由该系统的雅可比矩阵的局部稳定性分析得到。对 $F(q)$，$F(p)$ 求偏导得雅可比行列式及雅可比行列式的迹。雅可比矩阵如下：

$$J=\begin{bmatrix} F(q)/dq & F(q)/dp \\ F(p)/dq & F(p)/dp \end{bmatrix}$$

$$=\begin{bmatrix} (1-2q)(-C_1+pC_1-pP_2-piY+pAY+pW+kC_4-pkC_3-pkC_4) & q(1-q)(C_1-C_2-iY+AY+W-kC_3-kC_4) \\ p(1-p)(U-PG) & (1-2p)(E-qPG-U+qU) \end{bmatrix} \tag{3.50}$$

根据雅可比矩阵的局部稳定分析法，我们将分析系统在不同情形下的局部稳定性，并进行相应的数值模拟仿真。

三、独立董事不同履职能力下的监督效果分析

（一）低履职能力下独立董事监督效果分析

当$-C_2-iY+AY+W-kC_3<0$时，无论$E-U>PG-U$还是$E-U<PG-U$，从表3-13和表3-14可以看出，博弈的演化稳定策略均为E（0，1）点。鉴于系统演化的长期性，系统将在很长的时间内保持大股东掏空企业和独立董事对其行为不监督的局面。由图3-10和图3-11可以看出，在初始点不变的前提下，只要条件$-C_2-iY+AY+W-kC_3<0$不改变，那么无论E与PG的值如何改变，系统演化均衡点（ESS）均为（0，1）点。在实践中可以理解为：在我国，由于缺乏有效的独立董事声誉机制，如果独立董事由于监督成本较高、薪酬激励不足的原因而敷衍监督，那么无论对于大股东掏空行为证监会的处罚程度多重，都不可能改变其掏空企业的策略行为——即使对其施以重罚，考虑到独立董事会敷衍监督的情形，大股东都会抱着不被发现的侥幸心理而选择掏空企业为自身牟利。从中国上市公司治理的现状出发进行分析，根源于内部人的控制和大股东对于董事会的操纵的背景，可以发现条件$-C_2-iY+AY+W-kC_3<0$的情形是非常符合中国上市公司治理的现实的，首先，独立董事如果选择在董事会上对大股东掏空行为投非赞成票，那么大股东和内部人很可能在之后对其进行排挤和将公司信息刻意隐瞒，甚至联合起来令其被迫辞职，具体表现为C_2、C_3和i的值增大，同时由于我国独立董事固定薪酬呈现逐年递增的状态（郑春美，2011），会令Y的值随之增大，此外，由于独立董事的任职者往往有其自身的本职工作，不能给予所任职的这一职业足够的时间精力投入，相关治理信息获取的局限加之有限的时间投入，独立董事的咨询职能必定会大打折扣，具体表现为A的减小，而当前我国由于并没有独立董事的科学的培训机制和履职资格认定机制，仅有相应的独立性要求，所以，k的值不变——因此，在我国$-C_2-iY+AY+W-kC_3<0$的情形即是现实中正在发生的情形。

这种情况在具体实际的案例方面，关于独立董事由于履职能力有限而未能实现抑制大股东掏空这一情形，最典型的现实案例为著名的五粮液上市公司违规案。五粮液上市公司从1998年到2003年六年时间通过关联交易、资产置

换、资金占用等掏空形式累计向五粮液集团公司输送了超过97亿元的现金，平均每年超过16亿元（刘峰，2004）。众多学者的研究均指出：独立董事在这一过程中并没有能够发挥应有的监督作用：这一阶段由于独立董事制度刚刚兴起，尚处于探索阶段，众多上市公司聘请独立董事仅仅为了在程序和法律上“合规”，众多被聘请的独立董事不仅缺乏必要的履职能力，监督动机也十分不足，因此在这一阶段，独立董事基本上仅仅为“形式董事”或“挂名董事”，并未能起到监督作用。在此之后，遭到媒体大范围对关联交易违规方面曝光后，五粮液上市公司的关联交易行为不降反升，独立董事的监督行为在这种情况下仍旧没有能发挥应有的监督职能，由于缺乏足够的咨询服务能力，不能给公司输出足够的价值，仍旧只是“形式董事”，即使在此期间《指导意见》强制要求对独立董事的具体独立意见进行公开披露，根源于独立董事在上市公司的“话语权”很弱，依旧未能改变独立董事监督失效的情形。在此期间，2003年到2007年4年时间内五粮液上市公司关联产品采购平均交易金额为17.76亿元，是2003年之前平均关联交易金额7.58亿元的2倍多（贺建刚，2008）。直至2009年9月，证监会对五粮液涉嫌违法违规的行为正式立案稽查；9月底证监会公布初步调查结果，确认五粮液存在信息披露的违法违规行为，半年后，五粮液解决进出口公司关联交易的80%，而后至2011年5月，证监会向五粮液下达《行政处罚决定书》（李焰，2013），至此，五粮液公司违法违规的行为才最终得以控制。五粮液关联交易案发生之后，众多新闻媒体对于独立董事不尽监督职责进行了指责和曝光，独立董事“形式董事”的称谓也为公众所知——这不仅和独立董事的任免机制及薪酬、声誉方面的激励机制不足相关，更和其缺乏必要的履职能力因而在上市公司缺乏“话语权”息息相关。因此，必须改变这一情形，打破目前的稳定状态，通过建立科学的独立董事专业培训机制、加强独立董事的任职能力审核和培养、加强已经履职和可能担任独立董事职务的相关人员的社会资本拥有量，令其发挥咨询服务职能时更有效同时更容易建立同公司管理者之间的良好关系，才能令其监督效能难以实现的问题得以一定程度上的缓解。

表 3 - 13　　独立董事履职能力弱条件下系统的局部稳定分析一

均衡点	$detJ$ 符号	trJ 符号	局部稳定性
E_1（0，0）	-	不确定	鞍点
E_2（0，1）	+	-	ESS
E_3（1，0）	-	不确定	鞍点
E_4（1，1）	+	+	不稳定
E_5（q^*，p^*）	-	不确定	鞍点

注：此时 $-C_2-iY+AY+W-kC_3<0$，$E-U<PG-U$。

表 3 - 14　　独立董事履职能力弱条件下系统的局部稳定分析二

均衡点	$detJ$ 符号	trJ 符号	局部稳定性
E_1（0，0）	-	不确定	鞍点
E_2（0，1）	+	-	ESS
E_3（1，0）	+	+	不稳定
E_4（1，1）	-	不确定	鞍点
E_5（q^*，p^*）	-	不确定	鞍点

注：此时 $-C_2-iY+AY+W-kC_3<0$，$E-U>PG-U$。

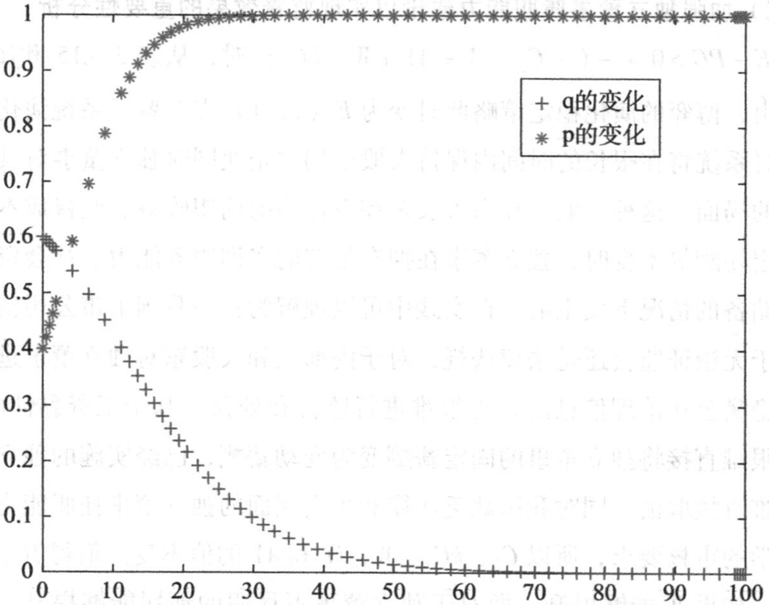

图 3 - 10　独立董事履职能力弱条件下系统的演化仿真图一

注：此时 $PG-U=0.2$，$-C_2-iY+AY+W-kC_3=-0.1$，$C_1=0.02$，$E-U=0.3$。

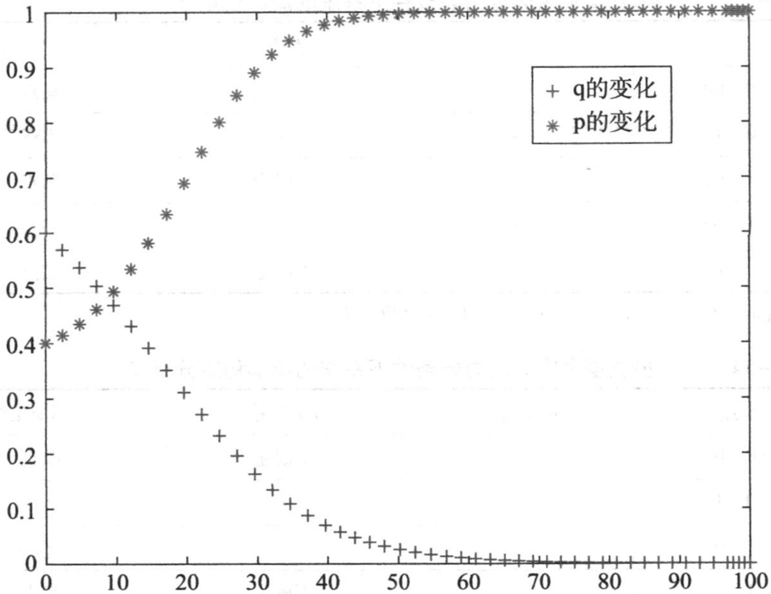

图3-11 独立董事履职能力弱条件下系统的演化仿真图二

注：此时 $PG-U=0.3$，$-C_2-iY+AY+W-kC_3=-0.1$，$C_1=0.02$，$E-U=0.2$。

（二）加强独立董事履职能力建设以实现监督效果的重要性分析

当 $E-PG>0>-(-C_2-iY+AY+W-kC_3)$ 时，从表3-15和图3-12可以看出，博弈的演化稳定策略此时变为 E（1，1）点。鉴于系统演化的长期性，此时系统将在很长的时间内保持大股东掏空企业同时独立董事对其行为有效监督的局面。这种一般是在当大股东掏空行为的期望收益、监督成本和独立董事固定薪酬等不变时，独立董事在拥有足够的咨询服务能力、社会资本或个人资本储备的情况下发生的。在实践中可以理解为：在我国上市公司治理现状中，由于无论证监会还是法律法规，对于内部人和大股东对独立董事进行排挤和刻意隐瞒公司治理信息的行为很难进行监督和处罚，基于工资黏性的考虑，目前也很难直接将独立董事的固定薪酬变为变动薪酬，已经实施的独立董事保险也较难直接取消，同时我国缺乏法律和规则层面的独立董事任职能力方面的具体科学的审核要求，所以 C_2、kC_3、W、iY 和 AY 的值不变。值得着重强调的一点是：如果 W 能够提升，即对于独立董事不尽职的惩罚能够提升，从模型来看也能够令独立董事履行监督职责，一定程度上抑制独立董事监督效果较弱的现象，但是：近年来，我国关于公司治理的处罚案例中众多对于独立董事的处罚往往仅仅为数额低则数千元高则不超过五万元的罚款处罚[①]，即一方面我国对于独立董事的不尽职行为除施以一定数额金钱的惩罚以外，从未有过其他处罚的实施先例，如果一旦仓促引入对于独立董事除罚款外的其他惩罚手段，例如相对更为严厉的刑事处罚，那么，在当前大股东和内部人有能力对独立董事刻意隐瞒信息，独立董事获取公司治理信息难度较高和独立董事在有着本职工作往往在多家上市公司任职而分身乏术的情况下，很可能直接导致独立董事的大量离职，令这一本应实现有效监督的机制失效，因此，W 也很难在短时间内发生变化——所以，此时 C_2、kC_3、iY、AY、W 的值均不变，即现实中正在发生的独立董事监督能力较弱的现象。但是，应注意到，通过对模型分析可以发现，独立董事咨询服务职能的有效发挥对其有效发挥监督职能有着极其重要的意义——独立董事咨询职能的提升具体表现为 A 的增大以及 k 值的减小，而 A 的增大和 k 值的减小能够有效提升独立董事尽职监督的可能性。至此，研究证实了独立董事咨询职能与监督职能的关系，即独立董事的咨询职能方面能力的提升有助于其监督职能的实现。

在我国，独立董事拥有有力人力资本和社会资本储备给其监督行为带来了积极影响，比较有代表性的案例为大冶特钢独立董事风波。1993 年 4 月，由大冶钢厂作为主要发起人，联合东风汽车公司、襄阳轴承厂以定向募集方式设立了大冶特殊钢股份有限公司，并于 1997 年 3 月 26 日在深圳证券交易所挂牌上市，2001 年，公司董事会换届中，聘请了武汉大学商学院教授余杭、中南财经政法大学教授彭星间为独立董事，同年 11 月 12 日，公司董事会召开的第三届董事会第三次会议通过了公司拟受让集团公司所属的铁水红送热装节能技改工程、2 号合金钢连铸机在建工程的一笔关联交易，受让价格合计 21559 万元。这一笔关联交易的相关董事会召开时，独立董事聘请了评估机构、法律事务所等中介机构参加，并就会上评估报告中的一些关键问题进行了询问。经过事前、事中的调查考证，独立董事一致认为受让价格很公允，不存在损害投

---

① 数据来自证监会网站发布的《2016 年证监会行政处罚情况综述》《2017 年证监会行政处罚情况综述》《2018 年证监会行政处罚情况综述》。

资者利益的情况，在通过对于关联交易和债权等问题的严格调研和邀请法律专家提供专业证明的基础上，才最终在董事会上表态并出具相关意见。这一案例中，独立董事起到了很好的对于关联交易的监督作用，这一点不仅和独立董事拥有的对于相关实际调研和法律等方面的专业知识以及严谨的工作态度有关，也与其一直与公司的管理者等建立良好的合作关系而共同为公司的发展添砖加瓦有关——在此笔涉及金额巨大的关联交易由于执行程序先后的问题（仅是由于实施程序问题，并非违法和违规行为：即关联交易公告和独立董事表态先于独立董事财务顾问出具的报告，程序上有误，但实际上是沟通上的一次疏忽造成的）被网络媒体质疑独立董事是否尽职时，在独立董事发布勤勉尽责声明的同时，公司副董事长汪建文和董秘王平国相继发布声明证实独立董事的勤勉性和监督的尽职性，充分表示了对于独立董事监督工作和尽职程度的肯定，表达了共同合作改善公司治理的目的和现实。这一案例中，独立董事的专业性以及同管理者良好的合作关系为公司的发展和监督、规范上市公司的行为起到了至关重要的作用，是独立董事发挥了监督职责的经典案例。

近年来，无论在学界还是具体的规则制定层面，我国已经逐渐开始认识到独立董事任职能力方面的培养和建设的重要性——学界的研究中，众多国外学者的研究指出了独立董事任职能力的培养至关重要（Granovetter，1985；Putnam，1993；Shleifer 和 Vishny，1997；La Pona 等，1999；Wesley 和 Vidal，2010；Benoni 和 Randone，2006；Kim，2005；Huang 等，2016；Adams 等，2010；Miletkov 等，2017），而我国学者也开始逐渐认识到独立董事拥有的任职能力的重要性（高凤莲，2016）；规则制定层面，我国《指导意见》等法律条文对于独立董事专业素养要求的程度和任职条件也在逐渐升高，从不要求独立董事人力资本素养到要求上市公司存在会计专业的独立董事的最低数量再到开始要求独立董事的勤勉尽责；公司治理实践层面，证监会也开始与一些专业机构合作，定期进行独立董事的相关培训。这些情况一定程度上使得独立董事在任职时提高了在上市公司的“话语权”，进而能够更好地履行各类职能，所以近年来独立董事的监督效果虽然依旧较弱，但也有了一定的改进。但是，本研究认为，我国在公司治理实践中对于独立董事的任职能力培养以及就职要求上应该施加更大的力度，保障独立董事的任职能力，逐步建立相关的机构和组织对独立董事的任职能力进行培养和考核，并开始着手建立独立董事的人才库，令达到任职要求、具有足够履职能力、能够拥有足够咨询服务能力的独立董事才能够进入上市公司出任独立董事；对于拟选的独立董事，应请中介机构介入对其资质和任职可行性进行评估和调查，以保障独立董事在上市公司中的“话语权”，最终改进独立董事的监督效果。独立董事制度实行较早、效果较好的西方国家中，独立董事的任职者大多数为有丰富企业管理经验的在职或退役企业家以及有过多年从业经历的注册会计师和律师，其对于监管公司治理违规现象和保护中小股东利益起到了重要作用，我国也应汲取相关经验，提升独立董事的人力资本和社会资本储备，形成独立董事的专业队伍。这些措施的实施不仅有利于独立董事同内部管理者建立良好的关系，更好地辅助公司治理，同时有助于独立董事监督职能的更有效发挥。此外，根据前文独立董事咨询职能对于大股东行为的影响进行综合分析，可以得出独立董事的咨询服务职能一方面能够抑制大股东的掏空行为，另一方面也能够进一步验证独立董事如果拥有足够的咨询服务能力，那么其在大股东拟实施掏空行为的董事会提案上会有更大的话语权，进而促进其对于大股东的掏空行为投非赞成票的结论。因此，必须更加重视独立董事人力社会资本储备等为上市公司带来咨询服务能力方面的培养和建设，才能逐渐实现图 3－12 中大股东掏空的同时独立董事尽职监督的情形，即最终独立董事有效监督效果的实现。

表 3－15　独立董事高履职能力条件下系统的局部稳定分析

均衡点	detJ 符号	trJ 符号	局部稳定性
E_1（0，0）	－	不确定	鞍点
E_1（0，1）	－	不确定	鞍点
E_3（1，0）	+	+	不稳定
E_4（1，1）	+	－	*ESS*
E_5（q^*，p^*）	－	不确定	鞍点

注：此时 $E-PG>0>-(-C_2-iY+AY+W-kC_3)$。

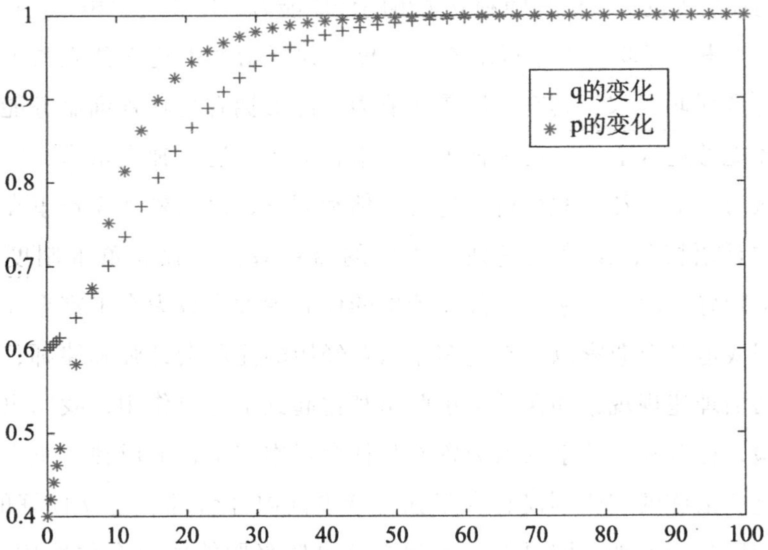

图 3-12　独立董事高履职能力条件下系统的演化仿真图

注：此时 $PG-U=0.2$，$-C_2-iY+AY+W-kC_3=0.1$，$C_1=0.02$，$E-U=0.3$。

四、完善独立董事履职能力以促进监督效果的政策建议

我国经济体制改革已进入攻坚阶段，而公司治理体系还未完善，资本市场的投资者保护机制尚不完善，因而引入独立董事制度以实现对于上市公司治理的实时监督和内部控制就显得尤为重要。但是，根源于任免机制缺陷、独立董事对于尽职监督的激励不足以及独立董事任职能力不足等原因，这一舶来品一定程度上未能有效担负起监督大股东和内部人的职责。要有效实现独立董事的监督职能，令其对于上市公司中屡禁不止的违规行为进行有力的监督，不应仅从加强个体独立董事对于有效监督的激励着手，还应从加强独立董事的咨询服务职能、强化独立董事人力资本和社会资本的角度出发，一方面，应加强独立董事的就职资历审核，对于未达到履职能力要求的独立董事不应作为担任独立董事的人选，着重选择人力资本和社会资本较高的人选担任独立董事；另一方面，应加强独立董事的在职能力培训，提升其人力资本水平和对于公司治理中出现问题的处理能力，令其能够建立同内部管理者之间良好的合作关系，有效参与公司治理，提升上市公司的绩效。独立董事作为一个兼具咨询服务职能和

监督职能的有机整体，其有效监督的具体实现不仅依赖于对其个体尽职监督的激励，也依赖于独立董事的履职能力和其能够为所在公司带来的收益。因此，更大程度重视独立董事的履职能力培养、逐步提升其各类资本储备数量对于其实现监督职能和有效抑制大股东掏空等违规行为至关重要。不同人力资本和社会资本给公司治理过程带来的价值输出必定产生不同的独立董事监督决策，也会使大股东及内部人可能滋生不同的道德风险水平，这一点对于提升独立董事的监督效能而言不容忽视。

第四章

独立董事与监事会二元监督模式改进对独立董事监督效果的影响研究

根据对国内相关文献进行梳理，参照拥有相对完善独立董事制度的英、美等国的公司治理经验，可以发现对独立董事尽职程度的监管主要是通过发挥完善的独立董事人才市场作用来发挥独立董事声誉机制，进而促进独立董事尽职。但是，我国目前还未拥有相对完善的独立董事人才市场，建立完善的独立董事人才市场具有建立时间久、实施磨合期较长等缺点，既然我国已经建立二元监督公司治理模式，那么以因地制宜、就地取材的效率原则为出发点，显然可以考虑将监事会这一公司治理日常监督机构作为对独立董事实时监督是否尽职进行监管的主体，而通过对我国上市公司内部治理机构构成和各个主体的权责划分进行分析可以发现，利用监事会对独立董事进行实时监督十分适当，监事会作为上市公司的监管机构，主要实现对公司的日常监督、事后监督，是比较理想的对独立董事进行监督的主体，如果监事会能够定期出具对独立董事尽职程度进行客观评价的报告，同时在监督独立董事不力的情况下令监事会承担连带责任，那么，这种情况下可以促进二者形成监督合力，打破我国二元监督模式监督效果不足的困境。

根据以上分析，本章提出以下假设：

假设1：当公司发生违规行为后，证监会如果能够追究监事会监督不力之责，对监事会失职行为加强监管，那么有利于提高公司治理内部监督的效果。

假设2：监事会通过发布独立董事尽职程度评价报告的方式对独立董事实行尽职程度的实时监督，能够破解我国上市公司的监督困境，使监事会和独立董事形成监督合力，改善我国上市公司监督效果弱的情形。

监事会和独立董事均为我国上市公司治理过程中的相关监督主体，同时从监事会和独立董事角度出发可以形成监督问题的整体分析框架。根据前文分析，当监事会对独立董事进行实时监督后，二者之间将相互产生影响，所以本章的研究将对二者行为和交互过程进行分析。考虑到独立董事及监事会两个群体中的个体数量众多，且均具有有限理性的特征，各自决策的最终形成是一个逐步学习并不断优化的过程，所以本研究建立演化博弈模型对二者行为和决策形成过程进行刻画，以分析相关决策影响过程以及改进我国公司治理监督效果的途径。

第一节　演化博弈模型的构建

一、模型描述与假设

考虑到我国公司治理实际中不存在对独立董事的股权激励和变动薪酬激励，本研究假设 Y 为独立董事固定薪酬。监事会成员往往也领取固定薪酬，所以假设 Q 为监事会成员的固定薪酬。

由于独立董事和监事会成员尽职监督均需要付出一定的时间精力成本，所以假设独立董事尽职监督需要付出的时间精力成本为 C_1，监事会尽职监督需要付出的时间精力成本为 C_2，为方便分析，假设独立董事和监事会成员进行形式监督需要付出的时间精力成本均为0。

当独立董事选择形式监督策略时，由于其未能有效发挥监督作用，所以上市公司有一定概率会发生违规行为，同时违规被披露，这种情形下独立董事会承担连带责任，假设这种情况发生的概率为 i（$0<i<1$），并记此时独立董事会受到来自证监会的数值为 A 的惩罚。

假设当监事会采取形式监督策略而独立董事采取尽职监督策略时，有 j（$0<j<1$）的概率发生上市公司出现违规行为且被证监会发现的情形，此时监事会的不尽职行为会遭遇来自证监会的处罚，记处罚数目为 D。而如果监事会采取尽职监督策略，对独立董事的形式监督行为进行了有力监督，则不必承担连带责任，同时监事会的有力监督使得独立董事承担公司治理违规连带责任的概率提升，变为（$i+u$）（$0<i+u<1$）。

当监事会和独立董事均采取形式监督策略时，由于缺乏内部监督，公司治理过程中很可能发生违规情况，且违规行为遭遇披露和惩罚的概率也大大提高，本研究假设该概率为 K（$0<K<1$），其中 $K>i$，$K>j$，记这种情形下独立董事有 K 的概率遭遇来自证监会的数值为 A 的惩罚。考虑通常对独立董事的处罚往往为固定金额的罚款，所以为方便分析，将这种情况下对独立董事的惩罚数值同样设定为 A（由于相比其他情形，独立董事和监事会二者都选择形式监督时受到惩罚的概率较大，而在 K 值较大的情形下，惩罚数值设定为 A 不会影响分析结果）。同时，这种情况下监事会同样有 K 的概率受到来自证监会的数值为 D 的惩罚，而由于监事会会承担对独立董事监督不力的连带责任，所以其还会额外受到来自证监会的数值为 B 的额外惩罚。

本研究假设当采取监事会问责机制或监事会对独立董事尽职程度进行监督的措施后，存在两个监督主体的监督不力问责机制和连带问责机制，这种情况下独立董事和监事会均选择形式监督后公司治理违规概率会提升，之后监事会和独立董事更容易受到来自证监会的处罚，这时对二者处罚的概率 K 的值提升，令证监会对于二者的期望处罚均大于二者各自需要付出的尽职监督的时间精力成本，即 $KD+KB>C_2$ 且 $KA>C_1$。而如果这两类措施均未采用，则有 $u=0$，$j=0$，$D=0$，$B=0$，同时，由于这种情况下监事会形同虚设、缺少问责机制，所以也使得监事会与独立董事均采取形式监督策略的情况下可能受到处罚的概率 K 与独立董事一方形式监督后受到处罚的概率 i 的取值接近，因而这种

情况下不存在 $KD+KB>C_2$ 和 $KA>C_1$。

需要说明的是，变量 $u=0$，$j=0$，$D=0$，$B=0$，$K=i$ 的情形即我国公司治理现实中发生的情形，此时并不存在对监事会形式监督的问责机制，也不存在对独立董事尽职程度的监管。如果能够在公司违规行为发生后追究监事会的连带责任，同时令监事会按期对独立董事的尽职程度进行评价报告，则能够使得变量发生变化，出现 $u>0$，$j>0$，$D>0$，$B>0$，$KD+KB>C_2$，$KA>C_1$，本研究将就现实情形以及这些可能的改进措施进行相应的分析以及模拟仿真。

二、演化博弈模型的建立

根据上述模型假设，建立如表 4-1 所示演化博弈支付矩阵。

表 4-1　　博弈支付矩阵

独立董事＼监事会	尽职监督	形式监督
尽职监督	$(Y-C_1,\ Q-C_2)$	$(Y-C_1,\ Q-jD)$
形式监督	$(Y-iA-uA,\ Q-C_2)$	$(Y-KA,\ Q-KD-KB)$

下面对监事会和独立董事二者的博弈行为的演化过程进行探讨，并对模型的纳什均衡策略和占优策略进行分析。首先，设监事会选择尽职监督策略的概率为 p，则其不采取尽职监督即进行形式监督策略的概率为 $1-p$。独立董事选择尽职监督的概率为 q，采取形式监督的概率为 $1-q$，并且满足 $0\leqslant p\leqslant 1$，$0\leqslant q\leqslant 1$。

设监事会尽职监督的支付为 U_{11}，形式监督的支付为 U_{12}。则：

$$U_{11}=q(Q-C_2)+(1-q)(Q-C_2)=Q-C_2 \quad (4.1)$$

$$\begin{aligned}U_{12}&=q(Q-jD)+(1-q)(Q-KD-KB)\\&=qKD+qKB-qjD+Q-KD-KB\end{aligned} \quad (4.2)$$

所以，监事会的期望收益为：

$$\begin{aligned}U_1&=pU_{11}+(1-p)U_{12}=p(Q-C_2)+(1-p)\\&\quad(qKD+qKB-qjD+Q-KD-KB)\\&=-pC_2+qKD+qKB-qjD+Q-KD-KB-pqKD\end{aligned}$$

$$-pqKB+pqjD+pKD+pKB \tag{4.3}$$

因此，监事会的复制动态方程如下：

$$F(p)=dp/dt=p(U_{11}-U_1)=p(1-p)(qjD-qKD-qKB+KD+KB-C_2) \tag{4.4}$$

同理，独立董事尽职监督的支付为 U_{21}，形式监督的支付为 U_{22}，则：

$$U_{21}=p(Y-C_1)+(1-p)(Y-C_1)=Y-C_1 \tag{4.5}$$

$$U_{22}=p(Y-iA-uA)+(1-p)(Y-KA)=pKA-piA-puA+Y-KA \tag{4.6}$$

独立董事的期望收益为：

$$\begin{aligned}U_2=qU_{21}+(1-q)U_{22}=&-qC_1+pKA-piA-puA+Y-KA\\&-pqKA+pqiA+pquA+qKA\end{aligned} \tag{4.7}$$

独立董事的复制动态方程如下：

$$F(q)=dq/dt=q(U_{21}-U_2)=q(1-q)(piA+puA-pKA+KA-C_1) \tag{4.8}$$

根据以上分析，系统的复制动态方程为：

$$\begin{cases}dq/dt=q(1-q)(piA+puA-pKA+KA-C_1)\\dp/dt=p(1-p)(qiD-qKD-qKB+KD+KB-C_2)\end{cases} \tag{4.9}$$

第二节　基于非对称演化视角的演化博弈分析

一、监事会策略的演化稳定性分析

当 $q=(C_2-KB-KD)/(jD-KB-KD)$ 时，$F(p)=0$，此时所有的 p 均处于平衡状态。

当 $q\neq(C_2-KB-KD)/(jD-KB-KD)$ 时，令 $F(p)=0$，可以得到 $p=0$ 和 $p=1$ 这两个均衡点。监事会策略选择的复制动态方程对 p 求导可以得到：

$$F(p)/dp = (1-2p)(qjD - qKD - qKB + KD + KB - C_2) \qquad (4.10)$$

而根据微分方程的稳定性定理，只有在满足 $F(p)/dp<0$ 的情况下，所得 p 才处于演化稳定状态，下面将分情况做出讨论。根据模型假设，$C_2 < KB + KD$，由此 $(C_2 - KB - KD)/(jD - KB - KD) > 0$，此时可以分两种情况进行讨论：

a. 若 $(C_2 - KB - KD)/(jD - KB - KD) > 1$，恒有 $q < (C_2 - KB - KD)/(jD - KB - KD)$，$p = 1$ 为演化稳定策略。该条件下，监事会尽职监督策略选择的期望收益始终高于形式监督策略选择的期望收益，此时无论独立董事的策略选择为何，监事会都会采取尽职监督的策略。

b. 若 $0 < (C_2 - KB - KD)/(jD - KB - KD) < 1$，这种情况下又具体分两种情况：当 $q > (C_2 - KB - KD)/(jD - KB - KD)$ 时，$p = 0$ 是演化稳定点；当 $q < (C_2 - KB - KD)/(jD - KB - KD)$ 时，$p = 1$ 是演化稳定点。这意味着 $0 < (C_2 - KB - KD)/(jD - KB - KD) < 1$ 的条件下，独立董事的策略行为会对监事会的策略选择产生一定影响，在独立董事倾向于进行尽职监督策略时，监事会会倾向于选择形式监督，而当独立董事倾向于形式监督的策略时，监事会则偏向于采取尽职监督策略。

二、独立董事策略的演化稳定性分析

当 $p = (C_1 - KA)/(iA + uA - KA)$ 时，$F(q) = 0$，显然，此时所有 q 均处于平衡状态。

当 $p \neq (C_1 - KA)/(iA + uA - KA)$ 时，令 $F(q) = 0$，可以得到 $q = 0$ 和 $q = 1$ 两个均衡点。独立董事策略选择的复制动态方程对 q 求导有：

$$F(q)/dq = (1-2q)(piA + puA - pKA + KA - C_1) \qquad (4.11)$$

同理，只有当 $F(q)/dq < 0$ 的条件满足时，所得 q 才处于演化稳定状态，下面分三种情况进行讨论：

a. 当 $(C_1 - KA)/(iA + uA - KA) < 0$ 时，根据模型假设，有 $C_1 - KA < 0$，所以 $iA + uA - KA > 0$，由此 $p > (C_1 - KA)/(iA + uA - KA)$，这种情况下 $q = 1$ 为演化稳定策略。该条件下，独立董事尽职监督策略选择的期望收益始终高于形式监督策略选择的，由此，无论监事会采取何种策略，独立董事均会采取尽职监督策略。

b. 当 $(C_1-KA)/(iA+uA-KA)>1$ 时，有 $p<(C_1-KA)/(iA+uA-KA)$，根据模型假设，由于 $C_1-KA<0$，所以有 $iA+uA-KA<0$，此时 $q=1$ 为演化稳定策略。这种条件下，独立董事尽职监督策略选择的期望收益始终高于形式监督策略选择的，因而，无论监事会采取何种策略，独立董事同样均会采取尽职监督策略。

c. 当 $0<(C_1-KA)/(iA+uA-KA)<1$ 时，具体分两种情况：当 $p<(C_1-KA)/(iA+uA-KA)$ 时 $q=1$ 是演化稳定点；当 $p>(C_1-KA)/(iA+uA-KA)$ 时 $q=0$ 是演化稳定点。即在该条件下，监事会的策略行为选择会对独立董事产生影响，当监事会倾向于选择尽职监督的策略时，独立董事会倾向于进行形式监督，而当监事会倾向于形式监督时，独立董事会选择尽职监督。

三、独立董事和监事会策略的系统演化稳定性分析

本节利用动态系统的复制方程式对独立董事和监事会的策略系统进行描述，当且仅当 $0<C_2-KB-KD/(jD-KB-KD)<1$，$0<(C_1-KA)/(iA+uA-KA)<1$ 时，得到五个复制动态均衡点，分别为：(0，0)，(0，1)，(1，0)，(1，1)，(q^*, p^*)，其中 $q^*=(C_2-KB-KD)/(jD-KB-KD)$，$p^*=(C_1-kA)/(iA+uA-kA)$。而根据 Friedman 提出的方法，群体动态均衡点的稳定性可以通过对该系统的雅可比矩阵的局部稳定性分析得出，该系统的雅可比矩阵为：

$$J=\begin{bmatrix} F(q)/dq & F(q)/dp \\ F(p)/dq & F(p)/dp \end{bmatrix}$$

$$=\begin{bmatrix} (1-2q)(piA+puA-pKA+KA-C_1) & q(1-q)(iA+uA-KA) \\ p(1-p)(jD-KB-KD) & (1-2p)(qjD-qKD-qKB+KD+KB-C_2) \end{bmatrix} \tag{4.12}$$

下一节将根据雅可比矩阵的局部稳定分析法，对不同情形下系统的局部稳定性进行分析探讨，并作数值模拟仿真。

第三节 独立董事与监事会二元监督模式改进对独立董事监督效果的影响分析

一、当前我国上市公司治理过程中的监督困境分析

当前我国上市公司治理现实情形中，不存在监事会问责机制，同时监事会也不需要对独立董事的尽职程度进行监督，这种情形下，模型取值符合 $u=0$，$j=0$，$D=0$，$B=0$，当 $KA-C_1<0$ 时，进行这一条件下的任意变量赋值，由表4－2可知，演化稳定策略始终为 E（0，0）。鉴于系统演化的长期性，系统将在很长的时间内保持在独立董事和监事会均进行形式监督的局面。根据 $KA-C_1<0$ 条件，选择符合条件的取值，由图4－1可以发现，在初始点（0.6，0.4）不变的情况下，只要 $KA-C_1<0$ 的条件不变，系统演化均衡点均为（0，0）。

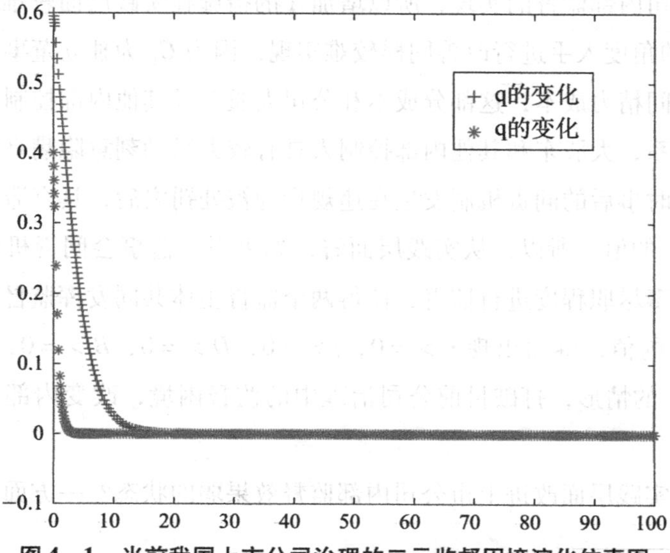

图4－1 当前我国上市公司治理的二元监督困境演化仿真图

注：此时 $i=0.6$，$A=2$，$C_1=1.8$，$C_2=2$，$K=0.7$。

表 4－2　　　　当前我国上市公司治理的二元监督困境分析

均衡点	*detJ* 符号	*trJ* 符号	局部稳定性
E_1（0，0）	+	－	*ESS*
E_2（0，1）	－	不确定	鞍点
E_3（1，0）	－	不确定	鞍点
E_4（1，1）	+	+	不稳定
E_5（q^*，p^*）	0	0	不稳定

注：表中体现了 $KA-C_1<0$ 条件下任意弹性赋值的局面稳定性。

这种情形下，由于大股东和内部控制人可能对于公司治理信息刻意隐瞒以及操控，独立董事在识别违规行为过程中需要付出的成本 C_1 极高，而证监会对独立董事的处罚概率 K 以及处罚程度 A 均较小，所以导致 $KA<C_1$ 的情形出现，独立董事和监事会均会采取形式监督策略。此时亟须采取相关措施改善这一状态，分析模型中的变量关系可以发现，增大 K 和 A 的值以及减小 C_1 的值可以打破这一局面。首先从增大 A 即对独立董事监督失职行为的处罚方面出发进行分析，由于我国公司治理过程中对独立董事失职行为的处罚更多为固定金额的罚款①，而罚款数额往往有限，独立董事群体对物质激励敏感度较低（黄海杰，2016），这种情况下引入更严厉的处罚很可能令大量独立董事辞职，不利于上市公司内部监督的实现，所以增加 A 的措施在实践层面较难实现。从减小 C_1 的值的角度入手进行改善同样较难实现，因为 C_1 为独立董事尽职监督需要付出的时间精力成本，这部分成本和公司大股东或其他内部控制人的利益获取呈反比关系，大股东和其他内部控制人具有较大激励刻意隐瞒真实的公司治理信息，同时事后的问责机制发生在违规行为被处罚之后，具有滞后性，难以有效减少 C_1 的值。所以，从实践层面看，如果引入监事会问责机制和令监事会对独立董事尽职程度进行监督，使得两个监督主体共同发挥监督作用，可以通过增大 K 的值，继而出现 $u>=0$，$j>=0$，$D>=0$，$B>=0$，$KD+KB>C_2$，$KA>C_1$ 的情形，打破目前公司治理中的监督困境，改变内部监督效果较弱的情形。

如何从实践层面改进上市公司内部监督效果弱的状态？一方面，独立董事

① 来自手工整理近年来证监会网站公布的独立董事处罚报告。

尽职程度需要一个监督主体进行抑制和规范，这一点可以从漳泽电力独立董事杨治山利用内幕信息为自身牟利的案例中一定程度上得到证明：2011 年 3 月 1 日，漳泽电力公司高管致信山西省委、省政府，请求山西省政府帮助解决公司经营亏损问题，2011 年 4 月中旬，漳泽电力主要负责人与独立董事杨治山就漳泽电力重组方式、路径等问题进行探讨，内容涉及定向增发、上市公司股权划转、现金购买等重组方式以及如何与煤炭企业重组才能对上市公司更加有利等事项。这一阶段，杨治山在履行工作职责中知悉大同煤矿与漳泽电力资产重组的内幕信息，之后，2011 年 4 月 15 日，杨治山指使李某在上海某营业部开立证券账户，4 月 19 日、28 日，杨治山借用李某账户共计买入漳泽电力股票 268.25 万股，买入金额约 1500 万元，在知悉证监会开始调查后，杨治山在漳泽电力股票复牌前夜即 2011 年 10 月 28 日子时 0：01 分以跌停板价格倾仓申报卖出所有股票，当天开盘后 4 分钟内全部成交，亏损 82.8 万元，意图减轻法律制裁。2011 年 11 月，证监会对时任中信证券研究部质量总监、电力行业首席分析师、漳泽电力独立董事杨治山涉嫌利用内幕信息交易漳泽电力股票行为立案稽查。通过调查，证监会有关部门负责人指出，杨治山作为漳泽电力独立董事，参与了大同煤矿与漳泽电力资产重组的论证过程，为法定的内幕信息知情人。杨治山的上述涉嫌违法犯罪行为发生在其作为上市公司独立董事履职期间，其身为证券行业资深从业人员及上市公司独立董事，完全知晓法律禁止内幕交易的规定，本应自觉履行对上市公司重大资产重组内幕信息的保密义务，却违反信赖责任，滥用市场优势地位窃取上市公司具有重大价值的未公开信息，借用他人账户进行内幕交易，意图规避监管，为己谋利，影响十分恶劣。杨治山利用内幕信息为自身牟利的行为体现了对独立董事监管制度的不健全，缺乏监督独立董事履行职责状况的措施和相关的监督主体，案例一定程度上说明了独立董事也需要监督主体进行监管。无可否认，作为上市公司常驻机构、实现公司日常监督的监事会是对独立董事实行监督的适当的主体。

另一方面，从证监会公布的历年对上市公司连带责任处罚的案例中可以发现：涉及对独立董事连带责任处罚的案例每年都有出现，但涉及对监事会行为的连带责任处罚则鲜有出现。所以，作为实现上市公司日常监督的重要监督主体的监事会，其行为缺少相应的抑制措施，如果同时令其监督独立董事的尽职程度，那么其行为的规范和职责的重要性又进一步提升，因而，监事会问责机制的建立就变得更不可或缺。

二、我国上市公司治理监督困境的解决路径分析

（一）建立监事会问责机制下的演化稳定分析

当存在监事会问责机制但监事会还未对独立董事尽职程度进行监督时，模型中取值符合 $u=0$，$j>0$，$D>0$，$B=0$，$KD+KB>C_2$，$KA>C_1$，当 $iA+uA-C_1<0$ 且 $C_2<jD$ 时，进行这一条件下的任意变量赋值，由表4-3可知，演化稳定策略始终为 E（0，1）。鉴于系统演化的长期性，系统将在很长的时间内保持在监事会尽职监督同时独立董事形式监督的局面。根据 $iA+uA-C_1<0$ 且 $C_2<jD$ 条件，选择符合条件的取值，由图4-2可以发现，在初始点不变的情况下，只要 $iA+uA-C_1<0$ 且 $C_2<jD$ 的条件不变，系统演化均衡点均为（0，1）。

表4-3　　单一建立监事会问责机制下系统的局部稳定性

均衡点	$detJ$ 符号	trJ 符号	局部稳定性
E_1（0，0）	+	+	不稳定
E_2（0，1）	+	-	ESS
E_3（1，0）	-	不确定	鞍点
E_4（1，1）	-	不确定	鞍点
E_5（q^*，p^*）	0	不确定	不稳定

注：表中体现了 $iA+uA-C_1<0$ 且 $C_2<jD$ 条件下任意弹性赋值的局部稳定性。

以上情况发生在已经建立了监事会问责机制相关法律法规，但还未建立监事会对独立董事尽职程度进行监督报告披露机制的情况下，此时对监事会的监督问责机制使得 j 和 D 均大于0，监督激励和问责机制的建立使得这两个变量增大，出现 $C_2<jD$ 的情形。同时，由于还未建立有效的独立董事尽职程度监督机制，所以变量 u 和 B 的值均为0，这种情况下对独立董事的惩罚概率 i 和惩罚程度 A 依旧不变，出现 $iA+uA-C_1<0$ 的条件，继而出现监事会尽职监督同时独立董事形式监督的状态，这种状态优于（0，0）的演化态，但仍然需

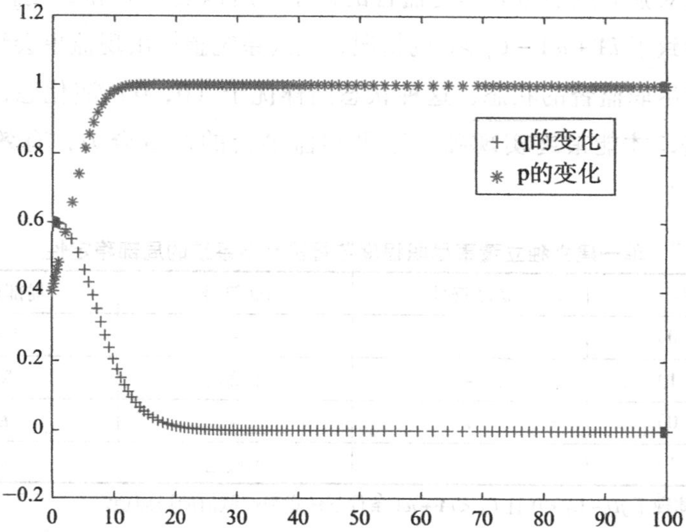

图4－2　单一建立监事会问责机制下系统的演化仿真图

注：此时 $i=0.6$，$A=2.5$，$C_1=1.8$，$C_2=1.6$，$u=0$，$K=0.8$，$j=0.6$，$D=3$，$B=0$。

要加以改进，才能最终形成独立董事和监事会的监督合力，有效改进公司治理水平。至此，假设1得证。

（二）建立独立董事尽职程度监督机制下的演化稳定分析

本节探讨在如果不建立监事会监督问责机制，只建立单一的监事会对独立董事的尽职程度监督机制的情况下是否能够改善上市公司内部治理状况。在上述条件下，模型中取值符合 $u>0$，$j=0$，$D=0$，$B>0$，$KD+KB>C_2$，$KA>C_1$，当 $jD-C_2<0$ 且 $C_1<iA+uA$ 时，进行这一条件下的任意变量赋值，由表4－4可知，演化稳定策略始终为 E（1，0）。鉴于系统演化的长期性，系统将在很长的时间内保持在监事会形式监督同时独立董事尽职监督的局面。根据 $jD-C_2<0$ 且 $C_1<iA+uA$ 的条件，选择符合条件的取值，由图4－3可以发现，在初始点不变的情况下，只要 $jD-C_2<0$ 且 $C_1<iA+uA$ 的条件不变，系统演化均衡点均为（1，0）。

在未建立监事会问责机制而已经建立监事会对独立董事尽职程度进行监督的机制并定期对独立董事尽职程度进行披露报告的情况下，由于不存在监事会的问责机制，所以 j 和 D 均等于0，出现 $C_2>jD$ 的情形，同时，由于建立了有效的监事会对独立董事尽职程度监督的机制，所以变量 u 和 B 的值大于0，u 值的增大导致了 $iA+uA-C_1>0$ 的情况，最终系统整体出现监事会形式监督同时独立董事尽职监督的状态，这种状态同样优于（0，0）演化态，但仍旧需要加以改进，才能最终实现独立董事和监事会的监督合力，有效改进公司治理。

表4－4　单一建立独立董事尽职程度监督机制下系统的局部稳定性

均衡点	*detJ* 符号	*trJ* 符号	局部稳定性
E_1（0，0）	+	+	不稳定
E_2（0，1）	−	不确定	鞍点
E_3（1，0）	+	−	*ESS*
E_4（1，1）	−	不确定	鞍点

注：表中体现了 $jD-C_2<0$ 且 $C_1<iA+uA$ 条件下任意弹性赋值的局面稳定性。

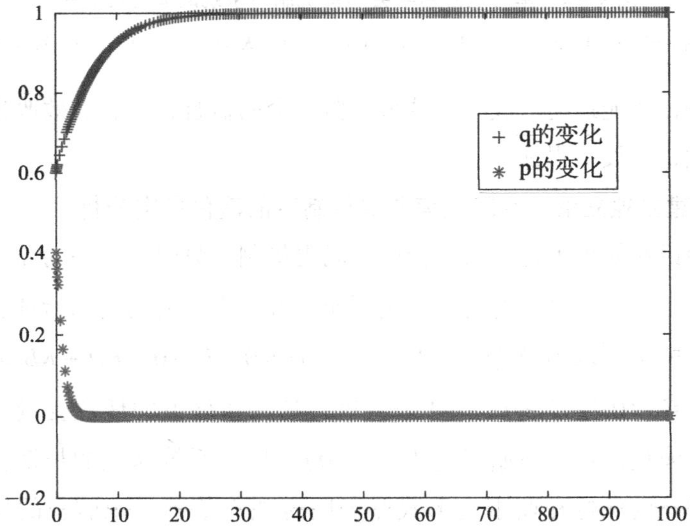

图4－3　单一建立独立董事尽职程度监督机制下系统的演化仿真图

注：此时 $i=0.6$，$A=2.5$，$C_1=1.8$，$C_2=1.6$，$u=0.3$，$K=0.8$，$j=0$，$D=0$，$B=1.5$。

（三）建立独立董事尽职程度监督机制和监事会监督问责机制下的演化稳定分析

当同时建立了监事会问责机制和监事会对独立董事尽职程度进行监督的机制时，模型中取值符合 $u>0$，$j>0$，$D>0$，$B>0$，$KD+KB>C_2$，$KA>C_1$，当

$jD-C_2>0$ 且 $C_1<iA+uA$ 时，进行这一条件下的任意变量赋值，由表4－5可知，演化稳定策略始终为 E（1，1）。鉴于系统演化的长期性，系统将在很长的时间内保持在监事会和独立董事均尽职监督的局面。根据 $jD-C_2>0$ 且 $C_1<iA+uA$ 条件，选择符合条件的取值，由图4－4可以发现，在初始点不变的情况下，只要 $jD-C_2>0$ 且 $C_1<iA+uA$ 的条件不变，系统演化均衡点均为（1，1）。

表4－5　建立独立董事尽职程度监督机制和监事会监督问责机制下的系统局部稳定性

均衡点	*detJ* 符号	*trJ* 符号	局部稳定性
E_1（0，0）	+	+	不稳定
E_2（0，1）	−	不确定	鞍点
E_3（1，0）	−	不确定	鞍点
E_4（1，1）	+	−	*ESS*

注：表中体现了 $jD-C_2>0$ 且 $C_1<iA+uA$ 条件下任意弹性赋值的局面稳定性。

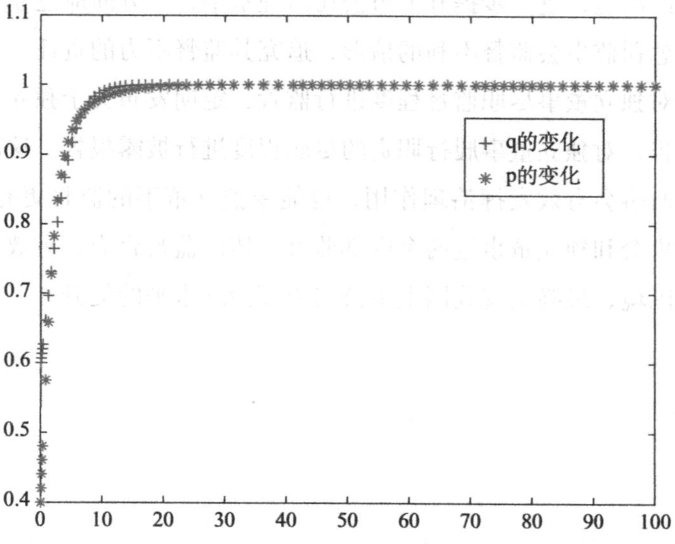

图4－4　建立独立董事尽职程度监督机制和监事会监督问责机制下的系统演化仿真图

注：此时 $i=0.6$，$A=2.5$，$C_1=1.8$，$C_2=1.6$，$u=0.3$，$K=0.8$，$j=0.6$，$D=3$，$B=1.5$。

在完善了关于监事会问责机制和监事会对独立董事尽职程度进行监督并披露报告的机制的情况下，由于 j 和 D 均大于0，这两个值的增大导致了 $C_2<jD$ 的情形。同时，由于建立了有效的监事会对独立董事尽职程度监督的机制，变

量 u 和 B 的值大于 0，u 值的增大导致了 $iA+uA-C_1>0$ 的情况。最终，系统整体出现监事会和独立董事都尽职监督的状态，该状态为上市公司治理的最优演化状态，此时可以形成监事会和独立董事的监督合力，两个内部监督主体将共同改善公司治理水平。至此，假设 2 得证。

第四节　完善公司治理二元监督的政策建议

为完善我国上市公司监督机制并改善内部治理效果，监事会与独立董事的二元监督机制被引入我国，但是，二者当前并未能形成监督合力进而改进上市公司治理状态，出现了上市公司内部监督约束较弱的监督困境。为解决目前二元监督模式的困境，进一步提升上市公司治理水平，一方面应建立对监事会的问责机制，惩罚监事会监督不利的情形，追究其监督不力的责任，另一方面也应令监事会对独立董事尽职监督程度进行监管，定期发布关于独立董事尽职程度的监督报告，对独立董事履行职责的尽职程度进行披露报告。这两方面的措施不仅能令监事会有效发挥治理作用，也能令独立董事的监督更有力、有效，进而形成监事会和独立董事这两个内部监督主体的监督合力，有效打破我国上市公司监督困境，最终实现我国上市公司内部治理水平的提升。

第五章

公司治理外部监督主体行为对独立董事监督效果的影响研究

第一节　证监会加强信息披露监管程度对独立董事监督决策的影响研究

通过对如何降低独立董事信息获取难度帮助独立董事有效实现监督职能问题的相关文献进行梳理，笔者发现仅有少量学者对这一问题进行了研究，比较有代表性的包括：余杭（2002）的研究指出，应通过调动好证监会的力量协助独立董事获取公司治理信息，打破大股东和内部人的信息垄断局面，才能保障独立董事的监管权力；辛清泉等（2013）的研究同样指出，应利用好证监会的力量，强化独立董事对于上市公司的知情权；周建等（2018）的研究指出，董秘对独立董事的信息提供对于独立董事监督意义重大，应提升并充分发挥董秘的信息传递作用，促进独立董事有效获取公司治理信息。对相关文献进行分析可以发现，目前研究针对独立董事信息获取问题的解决路径往往从公司内部主体协助独立董事信息获取的角度入手，通过规则制定或提高内部其他主体信息披露的积极性来改进独立董事和内部人之间的信息不对称，或者仅在分析中利用较少的段落指出证监会力量发挥对于促进独立董事信息获取的重要性，但并未具体指出如何发挥证监会的力量来促进独立董事信息获取，更未对提出的“利用证监会的力量能够促进独立董事信息获取”这一命题进行证明，这就为本章的研究提供了空间，本研究将从这两个方面着手进行研究。

根据以上分析，本研究提出如下假设：

假设1：惩罚独立董事时更公正的赏罚原则以及对大股东刻意向独立董事隐瞒公司治理真实信息的行为加重处罚能促进独立董事监督效果实现。

考虑到目前我国独立董事有些情况下是由于大股东或内部人的刻意隐瞒而未能有效监督，如果证实独立董事是针对所拥有的信息做出了尽职监督，那么不应追究或只轻微追究其连带责任（辛清泉，2013）；同时应着重追究刻意隐瞒信息的主体的责任，对大股东或内部人刻意向独立董事隐瞒信息的违法行为加重处罚，靠实施警告、市场进入限制等来实现；此外，如果独立董事在信息获取方面未存在问题，但其仍旧未能有效履行监督责任，那么则应该对独立董事加大处罚力度。这些手段使得对于独立董事的处罚更公平，激励独立董事的行为更尽职。

假设2：通过令独立董事发布独立意见时说明独立意见依据的信息获取来源的方式，能够在之后更好衡量独立董事的尽职程度，促进对独立董事的更公平奖惩，进而给独立董事的监督效果带来正向影响。

目前证监会制定的相关法律要求独立董事发布关于独立意见具体来源的报告，令独立董事发布独立意见时说明独立意见依据的信息获取来源，且来源应“有据可循”。这种方式一方面保证了证监会能够即时衡量独立董事是否尽职监督，如果独立董事发布的信息获取来源含混不清或有失真实，则一定程度上可以判断衡量独立董事的尽职监督程度；另一方面，这一措施也保证了之后上市公司违规被披露后相关方核实独立董事是否真正遭遇了大股东或内部人刻意隐瞒公司治理信息的行为。此外这一手段的实施也有利于区分独立董事是否做到了尽职监督。值得指出的是，为何要求独立董事主动披露的信息来源必须“有据可循”——即强制要求独立董事出示信息来源的有力证据，这样既能防止独立董事不尽职时故意推诿，又能对独立董事实施奖惩时更清晰、更有说服力。

假设3：加强独立董事对大股东信息隐瞒行为的事前披露有助于独立董事监督效果实现。

独立董事如果在实施监督过程中遭遇了大股东或内部人刻意隐瞒公司治理真实信息的行为，应给独立董事足够大的权力提前向证监会做出大股东或内部人刻意隐瞒信息的相关申报，证监会查实后应对隐瞒信息的主体进行警告、公开批评等处罚。对于这一点而言，如果采取事后报告，那么违法行为已经发生，事后报告对于已经发生的违法行为也无法起到抑制作用，事先报告则能够在一定程度上起到事前控制防止信息刻意隐瞒和阻止违法行为滋生的作用，毕竟，因为独立董事往往宁愿被迫离职也不愿意遭遇连带责任损失，所以独立董事对事前报告的行为并不会十分排斥，因为比起由于事前报告而和大股东和管理层“不和”，独立董事更在意因信息获取不充分而判断失当（唐清泉，2006）。

前几个章节的分析已经论证了证监会建立独立董事人才库促进独立董事声誉机制发挥、证监会任免发挥监督作用的独立董事对于独立董事监督效果发挥的重要意义；同时，根据前文的演化博弈模型进行分析，可以很容易得出证监会对大股东掏空行为加强查处和惩罚力度有利于抑制大股东掏空等违规行为、证监会加强对独立董事不尽职行为的惩罚程度有利于促进独立董事监督效果实现的结论，这些均为证监会外部监管对独立董事监督效果产生影响的不同途径。除这些影响途径外，通过本节分析整理已有研究的相关成果，发现由于证监会还能通过改进上市公司对独立董事监督的信息披露程度影响独立董事监督效果，所以本节研究主要针对这一命题进行分析论证，作为证监会对独立董事监督效果影响研究的补充。

一、演化博弈模型的构建

（一）研究假设与模型的设计

假设：我国独立董事的薪酬往往为固定薪酬，参会津贴等较小额度的变动薪酬所占比例极小，所以本研究为简化分析，只考虑独立董事的固定薪酬，记

为 Y。

独立董事如果选择尽职监督，则需要付出一定的时间精力成本，当大股东或内部人未刻意隐瞒公司治理真实信息时，独立董事需要付出 C_1 的时间精力成本，当大股东或内部人刻意隐瞒公司治理真实信息时，独立董事则需要付出更大的时间精力成本 C_2，这里 $C_2>C_1$。

考虑到现实中如果大股东或内部人选择刻意隐瞒公司治理信息，那么很可能是由于大股东或内部人拟实施违法违规行为，否则大股东或内部人没必要刻意对公司治理真实信息进行隐瞒，所以，本研究为简化分析，假设当大股东或内部人隐瞒公司治理信息时是以实施违法违规行为为目的的。如果独立董事对于大股东或内部人的行为尽职监督，那么参照相关学者（唐雪松等，2010；陈睿等，2015；郑志刚等，2015）的分析，独立董事当出具反对意见时很可能会遭遇排挤，甚至减少之后获得独立董事席位的可能性，所以本研究假设独立董事如果面对违法违规行为尽职监督，那么有 i 的概率遭遇大股东和内部人的排挤而被迫离开上市公司，失去独立董事席位和固定薪酬收益。同时，这种情况下，由于独立董事的尽职监督，有 u 的概率证监会会对大股东和内部人的违规违法行为进行查处，并对大股东和内部人进行 K 的处罚，如果独立董事对于大股东和内部人采取形式监督的策略，那么证监会有 j 的概率对大股东内部人施以 K 的处罚，根据现实情形，这里有 $u>j$。大股东和内部人未实施违规行为的正常收益为 Q，如果以自身利益出发实施违法违规行为，能够在此基础上额外获得 E 的收益。

如果大股东和内部人未实施违法行为，那么独立董事的形式监督很可能不会被发现，所以不会遭遇证监会的连带处罚，如果此时记大股东或内部人未刻意隐瞒公司治理信息时独立董事有可能因形式监督遭遇的处罚为 W_1，那么此时有 $W_1=0$。反之，根据证监会近年来对独立董事的处罚实例，当大股东和内部人的违法行为遭遇查处后，独立董事会遭遇连带责任处罚。本研究假设当大股东和内部人刻意隐瞒公司治理真实信息的情况下，如果独立董事尽职监督，则会受到来自证监会的 W_3 的处罚，如果独立董事形式监督，则会受到来自证监会的 W_2 的处罚。

如果能够实施假设中的相关措施，那么必然有：当大股东和内部人刻意隐瞒公司治理真实信息时，大股东和内部人的行为会遭遇独立董事向证监会的报告，并遭遇来自证监会的数值为 P 的惩罚，同时，证监会对于尽职监督的独立董事查实后免于或降低处罚会令 W_3 减小，而由于独立董事需要对独立意见的信息来源进行公开披露，同时在大股东及内部人刻意隐瞒信息时报告证监会，所以这种情况下独立董事的信息获取难度会降低，具体表现为 C_2 的减小。此外，证监会如果能在实践中加重当大股东和内部人向独立董事隐瞒信息后对大股东和内部人的处罚，那么 K 的值会上升。因为实施了假设中的相关措施，使得证监会能够一定程度上发现独立董事在公司大股东或内部人未实施违规行为时的尽职程度，所以，这时独立董事的形式监督行为会遭遇来自证监会的期望为 W_1 的处罚，且 $W_1>0$。

（二）演化博弈模型的建立

根据以上分析，博弈支付矩阵如表 5－1 所示。

表 5－1　　博弈支付矩阵

独立董事＼大股东或内部人	刻意隐瞒公司治理真实信息	未刻意隐瞒公司治理真实信息
尽职监督	$(Y-C_2-iY-W_3,\ Q+E-P-uK)$	$(Y-C_1,\ Q)$
形式监督	$(Y-W_2,\ Q+E-jK)$	$(Y-W_1,\ Q)$

接下来结合演化博弈和复制动态方程探讨上述模型的纳什均衡策略和占优策略，进一步分析二者博弈行为的演化过程。首先，设大股东或内部人刻意隐瞒公司治理真实信息的概率为 p，则大股东或内部人未刻意隐瞒公司治理真实信息的概率为 $1-p$；独立董事尽职监督的概率为 q，形式监督的概率为 $1-q$。

并且满足 $0\leqslant p\leqslant 1$，$0\leqslant q\leqslant 1$。

设大股东或内部人刻意隐瞒公司治理真实信息的收益为 U_{11}，未刻意隐瞒公司治理真实信息的收益为 U_{12}，则：

$$\begin{aligned} U_{11} &= q(Q+E-P-uK)+(1-q)(Q+E-jK) \\ &= Q+E-qP-jK-quK+qjK \end{aligned} \tag{5.1}$$

$$U_{12} = qQ+(1-q)Q = Q \tag{5.2}$$

所以，大股东或内部人的期望收益为：

$$U_1 = pU_{11} + (1-p)U_{12} = p(Q + E - qP - jK - quK + qjK) + (1-p)Q$$
$$= Q + pE - pqP - pjK - pquK + pqjK \quad (5.3)$$

由此可以得到大股东或内部人的复制动态方程为（Taylor 和 jonker，1978；Friedman，1991）：

$$F(p) = dp/dt = p(U_{11} - U_1) = p(1-p)(E - qP - jK - quK + qjK) \quad (5.4)$$

同理，设独立董事尽职监督的收益为 U_{21}，形式监督的收益为 U_{22}，则：

$$U_{21} = (1-p)(Y - C_1) + p(Y - C_2 - iY - W_3)$$
$$= Y - C_1 + pC_1 - pC_2 - piY - pW_3 \quad (5.5)$$

$$U_{22} = (1-p)(Y - W_1) + p(Y - W_2) = Y - W_1 + pW_1 - pW_2 \quad (5.6)$$

所以，独立董事的期望收益为：

$$U_2 = qU_{21} + (1-q)U_{22} \quad (5.7)$$

由此可以得到独立董事的复制动态方程为（Taylor 和 jonker，1978；Friedman，1991）：

$$F(q) = dq/dt = q(U_{21} - U_2) = q(1-q)(-C_1 + pC_1 - pC_2 - piY - pW_3 + W_1 - pW_1 + pW_2) \quad (5.8)$$

因此，根据以上分析，有动态系统的动态复制方程式为：

$$\begin{cases} dq/dt = q(1-q)(-C_1 + pC_1 - pC_2 - piY - pW_3 + W_1 - pW_1 + pW_2) \\ dp/dt = p(1-p)(E - qP - jK - quK + qjK) \end{cases} \quad (5.9)$$

二、基于非对称演化视角的演化博弈分析

（一）大股东和内部人策略的演化稳定性分析

当 $q = (E - jK)/(P + uK - jK)$ 时，$F(p) = 0$，显然，此时所有的 p 都是平衡状态。

当 $q \neq (E - jK)/(P + uK - jK)$ 时，令 $F(p) = 0$ 得 $p = 0$ 和 $p = 1$ 是 $F(p)$ 的两个均衡点。将大股东或内部人策略选择的复制动态方程对 p 求导得：

$$F(p)/dp = (1 - 2p)(E - qP - jK - quK + qjK) \quad (5.10)$$

根据微分方程稳定性定理，只有当 $F(p)/dp < 0$ 时，所得 p 值才是演化稳定状态，下面分情况进行讨论：

根据假设，必然有 $E>jK$，$uK>jK$，所以必然有 $(E-jK)/(P+uK-jK)>0$，此时可以分两种情况进行讨论：

a. 若 $(E-jK)/(P+uK-jK)>1$ 时，恒有 $q<(E-jK)/(P+uK-jK)$，$p=1$ 为演化稳定策略。其经济学含义为：这种情况下，大股东或内部人由于刻意隐瞒公司治理真实信息被处罚后所获得的期望收益仍旧大于未刻意隐瞒公司治理真实信息的收益，因而，此时无论独立董事如何决策，大股东或内部人均会选择刻意隐瞒公司治理真实信息的行动策略。

b. 若 $0<(E-jK)/(P+uK-jK)<1$，分两种情况进行分析：当 $q>(E-jK)/(P+uK-jK)$ 时，$p=0$ 是演化稳定点；当 $q<(E-jK)/(P+uK-jK)$ 时，$p=1$ 是演化稳定点。此时的经济学含义为：这种情况下，大股东或内部人的行为会受到独立董事监督是否尽职的影响，当大股东或内部人的行为可能较大程度地受到独立董事监督时，大股东或内部人倾向于不刻意隐瞒公司治理真实信息，反之则倾向于选择刻意隐瞒公司治理真实信息的行动策略。

（二）独立董事策略的演化稳定性分析

当 $p=(W_1-C_1)/(-C_1+C_2+iY+W_3+W_1-W_2)$ 时，$F(q)=0$，显然，此时所有的 q 都是平衡状态。

当 $p=(W_1-C_1)/(-C_1+C_2+iY+W_3+W_1-W_2)$ 时，令 $F(q)=0$，得 $q=0$ 和 $q=1$ 是 $F(q)$ 的两个均衡点。将独立董事策略选择的复制动态方程对 q 求导得：

$$F(q)/dq=(1-2q)(-C_1+pC_1-pC_2-piY-pW_3+W_1-pW_1+pW_2) \tag{5.11}$$

根据微分方程稳定性定理，只有当 $F(q)/dq<0$ 时，所得 q 值才是演化稳定状态，下面分三种情况进行讨论：

a. 当 $(W_1-C_1)/(-C_1+C_2+iY+W_3+W_1-W_2)<0$ 时，有 $q>(W_1-C_1)/(-C_1+C_2+iY+W_3+W_1-W_2)$，此时分两种情况进行讨论：当 $(-C_1+C_2+iY+W_3+W_1-W_2)>0$ 时，$q=0$ 为演化稳定策略。经济学含义为：这种情况下，无论大股东或内部人如何行动，独立董事选择形式监督的收益均大于尽职监督，因此，这种情况下独立董事必然选择形式监督，其决策不依赖于大股东或内部人的行为。当 $(-C_1+C_2+iY+W_3+W_1-W_2)<0$ 时，$q=1$ 为演化稳

定策略，经济学含义为：这种情况下，无论大股东或内部人如何行动，独立董事选择尽职监督的收益均大于形式监督，因此，这种情况下独立董事必然选择尽职监督，其决策不依赖于大股东或内部人的行为。

b. 当 $(W_1-C_1)/(-C_1+C_2+iY+W_3+W_1-W_2)>1$ 时，有 $q<(W_1-C_1)/(-C_1+C_2+iY+W_3+W_1-W_2)$，此时分两种情况进行讨论：当 $(-C_1+C_2+iY+W_3+W_1-W_2)>0$ 时，$q=1$ 为演化稳定策略。经济学含义为：这种情况下，无论大股东或内部人如何行动，独立董事选择尽职监督的收益均大于形式监督，因此，这种情况下独立董事必然选择尽职监督，其决策不依赖于大股东或内部人的行为。当 $(-C_1+C_2+iY+W_3+W_1-W_2)<0$ 时，$q=0$ 为演化稳定策略，经济学含义为：这种情况下，无论大股东或内部人如何行动，独立董事选择形式监督的收益均大于尽职监督，因此，这种情况下独立董事必然选择形式监督，其决策不依赖于大股东或内部人的行为。

c. 当 $0<(W_1-C_1)/(-C_1+C_2+iY+W_3+W_1-W_2)<1$ 时，分两种情况进行分析：当 $p<(W_1-C_1)/(-C_1+C_2+iY+W_1+W_3-W_2)$ 时，如果 $(-C_1+C_2+iY+W_3+W_1-W_2)<0$，则 $q=0$ 是演化稳定点，如果 $(-C_1+C_2+iY+W_1+W_3-W_2)>0$，则有 $q=1$ 为演化稳定点；当 $p>(W_1-C_1)/(-C_1+C_2+iY+W_1+W_3-W_2)$ 时，如果 $(-C_1+C_2+iY+W_1+W_3-W_2)<0$，则 $q=1$ 是演化稳定点，如果 $(-C_1+C_2+iY+W_3+W_1-W_2)>0$，则 $q=0$ 是演化稳定点。此时的经济学含义为：这种情况下，独立董事的行为会受到大股东或内部人隐瞒真实公司治理信息程度和证监会对其不尽职行为惩戒的多重影响，当大股东或内部人的信息隐瞒行为十分严重、同时证监会对其不尽职的处罚十分严厉时，独立董事会倾向于尽职监督；如果大股东和内部人的信息隐瞒行为不严重，证监会对独立董事的尽职处罚也不严厉，那么独立董事则倾向于采取形式监督的行动策略。

（三）独立董事和大股东或内部人策略的系统演化稳定性分析

由动态系统复制方程式来描述大股东或内部人和独立董事策略系统的演化，当且仅当 $0<(E-jK)/(P+uK-jK)<1$，$0<(W_1-C_1)/(-C_1+C_2+iY+W_3+W_1-W_2)<1$ 时，可以得出系统演化总共有五个复制动态均衡点为：$(0,0)$，$(0,1)$，$(1,0)$，$(1,1)$，(q^*,p^*)，其中 $q^*=(E-jK)/(P+$

$uK-jK)$，$p^{*}=(W_1-C_1)/(-C_1+C_2+iY+W_3+W_1-W_2)$，按照 Friedman 提出的方法，对于由微分方程系统描述的群体动态，其均衡点的稳定性可由该系统的雅可比矩阵的局部稳定性分析得到。对 $F(q)$，$F(p)$ 求偏导得雅可比行列式及雅可比行列式的迹。雅可比矩阵如下：

$$J=\begin{bmatrix} F(q)/dq & F(q)/dp \\ F(p)/dq & F(p)/dp \end{bmatrix}$$

$$=\begin{bmatrix} (1-2q)(-C_1+pC_1-pC_2-piY-pW_3+W_1-pW_1+pW_2) & q(1-q)(C_1-C_2-iY-W_1+W_2-W_3) \\ p(1-p)(jK-uK-P) & (1-2p)(E-qP-jK-quK+qjK) \end{bmatrix} \tag{5.12}$$

根据雅可比矩阵的局部稳定分析法，我们将分析系统在不同情形下的局部稳定性，并进行相应的数值模拟仿真。

三、证监会加强信息披露程度对独立董事监督决策的影响分析

（一）独立董事形式监督、大股东或内部人刻意隐瞒真实信息现象的形成机理

当 $-C_2-iY-W_3+W_2<0$ 且 $E-jK>0$ 时，从表 5－3 可以看出，博弈的演化稳定策略均为 $E(0,1)$ 点。鉴于系统演化的长期性，系统将在很长的时间内保持大股东或内部人刻意隐瞒公司治理真实信息和独立董事形式监督的局面。由图 5－1 可以看出，在初始点不变的前提下，只要条件 $-C_2-iY-W_3+W_2<0$ 且 $E-jK>0$ 不改变，系统演化均衡点（ESS）始终为（0，1）点。

结合现实情形进行分析，可以发现这一演化状态和我国目前的公司治理状态十分相似：目前我国独立董事无变动薪酬，只有数值为 Y 的固定薪酬，且 Y 的值较高，较高的独立董事固定薪酬 Y 使得演化方向趋向于 $E(0,1)$ 点；在独立董事因尽职监督而被迫离开职位后能够再次获得的独立董事席位数量和获得类似独立董事职位的难度会相应上升——聘请独立董事的大股东和内部人往往更偏向于“听话”的独立董事（唐雪松等，2010；陈睿等，2015；郑志刚等，2015），同时内部人和大股东很容易掌握对于独立董事的“处置权”，他们通过将其排挤出公司、对独立董事隐瞒公司治理关键信息或不再聘任“不听话”的独立董事来惩罚独立董事，这一情形具体表现为 i 的值较高，较高的

i 值同样促进了 $E(0, 1)$ 状态的产生；由于目前独立董事监督过程中往往遭遇大股东和内部人隐瞒信息的行为，有时很难获取公司治理的真实信息，这种情况下独立董事监管面临较高的 C_2，这进一步促进了独立董事形式监督和大股东内部人对信息的刻意隐瞒；整理我国公司治理中发生的众多独立董事连带处罚案例可以发现，独立董事面对刻意隐瞒信息的行为即使采取了尽职监督策略，有时也难以避免在一定程度上遭遇所任职上市公司违规行为的连带处罚，这一点表现为较高的 W_3，这也促使演化方向向 $E(0, 1)$ 发展；证监会作为外部监管主体，很难针对每一家上市公司进行实时监督，所以对大股东和内部人违规行为的期望处罚 jK 较低，具体表现为大股东和内部人滋生“钻空子”的心理，这也使得演化方向向 $E(0, 1)$ 发展；大股东和内部人在实行违规行为后往往能够获得一定程度的自身收益 E，这一 E 值往往较高，同样促进了 $E(0,1)$ 这一演化方向；独立董事面对大股东和内部人的违规和信息隐瞒，即使采取形式监督策略，在遭遇处罚时往往也和采取尽职监督的处罚程度相似，这表现为相对较低的 W_2；所有上面的因素综合导致了目前独立董事形式监督、大股东和内部人刻意隐瞒公司治理真实信息的情形。必须打破这一状态，采取相关措施，保障独立董事能够有效获取公司治理真实信息，实现对上市公司的实时有力监督。

这一情形最优代表性的案例为“我国独立董事第一案”的“郑百文独立董事陆家豪诉中国证监会案”。这一案例中，陆家豪之所以未能对所在上市公司的虚增利润等违规行为进行有力监督，最主要原因是其能够获得的公司治理真实信息十分有限，上市公司的违规行为被刻意隐瞒，所以才有后来的陆家豪对其处罚决定的多次向证监会提起申诉，指出其并未能有效获得公司治理真实信息，对违规行为并不知情，虽然陆家豪作为独立董事，有责任义务监督、约束上市公司的行为，根据独立董事的相关规定对其追究连带责任无可厚非，但是案例中公司内部人向独立董事刻意隐瞒公司治理信息的行为毫无疑问是独立董事履职、实现监督职能的最大障碍，必须采取相关措施禁止公司内部人向独立董事隐瞒公司治理真实信息的行为。

此外，表 5-2 中列举了近年来独立董事遭遇连带责任处罚后进行申诉的相关案例，从以下独立董事案例中可以发现一个共同点，即独立董事在面对连带责任处罚决定书下达后的申诉理由均为无法获得上市公司真实治理信息，但归根结底是因为独立董事已经尽到了勤勉之责可是由于大股东和内部人的刻意隐瞒而无法发现违规行为，还是独立董事没有尽到勤勉职责而未能实现有效监管？这一点往往很难真正有效地进行判断，实际上也没有一个具体衡量的标准，所以，采取措施和制定相关机制令独立董事尽职程度能够变得有据可循，然后在对独立董事行为更精准判断的基础上更科学地实现对独立董事的奖惩，这些措施对于更好地促进独立董事尽职至关重要。此外，独立董事被连带处罚时一致指出未能发现上市公司的违规行为是因为对违规“不知情”，这一定程度上也能说明独立董事在任职过程中有很大的可能性遭遇上市公司内部人和大股东刻意隐瞒公司治理真实信息的行为，这一点也应采取相关措施进行抑制，保证独立董事能够有效获取公司治理真实信息，促进其监督职能顺利发挥。

表 5－2　独立董事连带责任处罚案例

处罚时间	涉案上市公司	违规类型	涉案独立董事	惩罚程度	独立董事申辩时指出的免责理由	驳回独立董事申诉的理由	独立董事申诉结果
2012 年 8 月 1 日	山东华阳科技股份有限公司	未披露关联交易	罗海章、高杰、李庆新、张辉玉	给予警告，并分别处以 3 万元罚款	华阳科技未向其提供相关材料和信息，其无法发现华阳科技定期报告中的异常情况，无法对定期报告提出异议	独立董事在陈述、申辩意见中没有提出其忠实、勤勉地履行职责的证据	驳回申诉，实行原有处罚
2012 年 12 月 17 日	宝安鸿基地产集团股份有限公司	虚假披露	周可添、陈凤娇、何祥增、魏达志	给予警告，并分别处以 3 万元罚款	案发前不知悉、未参与公司长期隐瞒账外持有及出售其他上市公司法人股的事项，而且由于职责、权限、技能等客观条件限制，即使按谨慎原则做到勤勉履职，也无法阻止涉案事项的发生	独立董事未提出充分证据证明其有勤勉尽责的情形	驳回申诉，实行原有处罚

续表

处罚时间	涉案上市公司	违规类型	涉案独立董事	惩罚程度	独立董事申辩时指出的免责理由	驳回独立董事申诉的理由	独立董事申诉结果
2013年1月23日	潍坊亚星化学股份有限公司	未披露关联交易	周洋、陈坚、韩俊生、王维盛	给予警告，并分别处以3万元罚款	虽多次在审议亚星化学涉案定期报告的董事会会议上投同意票并签字，但对违规行为并不知情	独立董事多次在关于亚星化学定期报告的董事会会议上投同意票并签字，没有证据显示其已经尽到了作为上市公司独立董事的监督责任	驳回申诉，实行原有处罚
2013年2月19日	紫光古汉集团股份有限公司	虚假会计信息披露	朱开悉	给予独立董事朱开悉警告	在职期间已诚实守信勤勉尽责，根据会计师事务所专业审计结果签字；对于管理层隐瞒、财务部门造假无法知晓；公司刻意隐瞒，即使逐笔审阅财务记录，自己单独聘请事务所进行审计，理论上也发现不了公司刻意造假行为；在董事会会议上不断强调公司经营及信息披露的严肃性及公司决策的规范性，有董事会会议记录为证	朱开悉作为专业人士对公司的财务造假应当予以关注，听证会上，朱开悉并未提出勤勉尽责的证据。紫光古汉2005年年度报告中审计意见存在保留段，朱开悉作为专业人士未足够关注	驳回申诉，实行原有处罚
2017年11月	金亚科技股份有限公司	虚假披露财务信息	周良超	给予警告，并处以25万元罚款	未申诉，同时独立董事并未接受处罚决定书，但事后指出其对于公司治理违规行为并不知情	独立董事在存在虚假披露的金亚科技2014年年度报告上签字	超期未申诉，实行原有处罚

表5-3　改进信息获取困境前独立董事和大股东决策的局部稳定性表

均衡点	*detJ* 符号	*trJ* 符号	局部稳定性
E_1 (0, 0)	-	不确定	鞍点
E_2 (0, 1)	+	-	*ESS*

续表

均衡点	$detJ$ 符号	trJ 符号	局部稳定性
E_3（1，0）	不确定	不确定	非 ESS
E_4（1，1）	不确定	不确定	非 ESS
E_5（q^*，p^*）	0	不确定	不稳定

注：表中体现了 $-C_2-iY-W_3+W_2<0$ 且 $E-jK>0$ 时，系统的局部稳定分析。

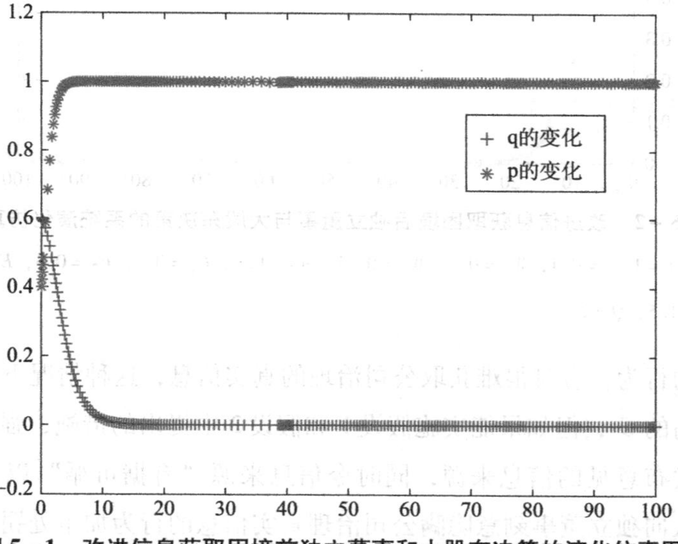

图 5－1　改进信息获取困境前独立董事和大股东决策的演化仿真图

注：此时 $Y=1$，$i=0.4$，$W_1=0$，$W_3=0.8$，$W_2=0.8$，$C_1=0.3$，$C_2=0.5$，$E=3$，$jK=1.5$，$uK=2$，$P=0$，$Q=2$。

（二）独立董事监督“信息不对称”问题解决路径分析

当 $W_1-C_1>0$ 且 $E-P-uK<0$ 且 $-C_2-iY-W_3+W_2>0$ 时，从表 5－4 和图 5－2 可以看出，博弈的演化稳定策略此时变为 E（1，0）点。鉴于系统演化的长期性，此时系统将在很长的时间内保持大股东或内部人不刻意隐瞒公司治理真实信息同时独立董事尽职监督的局面。

由于目前我国公司治理状态下 W_1 和 P 的值均为 0，如果不加以改进，不太可能实现独立董事尽职监督同时大股东和内部人刻意隐瞒公司治理真实信息的 E（1，0）演化状态，但是，如果实施三个假设中的措施，则会促进这一演化状态的产生。具体的：目前，独立董事监督过程中往往遭遇大股东和内部人

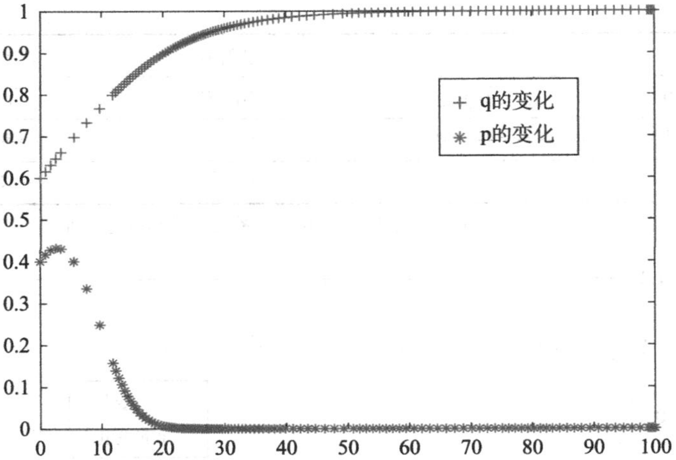

图5-2 改进信息获取困境后独立董事与大股东决策的系统演化仿真图

注：此时 $Y=1$，$i=0.4$，$W_1=0.4$，$W_3=0.05$，$W_2=0.8$，$C_1=0.3$，$C_2=0.3$，$E=3$，$jK=1.7$，$uK=2.2$，$P=1.5$，$Q=2$。

隐瞒信息的行为，有时很难获取公司治理的真实信息，这种情况下独立董事监管面临较高的 C_2，但如果能实施假设1和假设2中提出的措施，强制披露公开独立董事发布意见的信息来源，同时令信息来源"有据可循"以及对于大股东和内部人向独立董事刻意隐瞒公司治理真实信息的行为加重处罚，那么能够一定程度上遏制目前大股东和内部人对独立董事隐瞒信息的行为，具体表现为 C_2 下降；对大股东和内部人向独立董事刻意隐瞒公司治理真实信息的行为加重处罚，这一点表现为 $P>0$，同时 P 的值提升；实施假设1中提出的措施，能够使得证监会和媒体等外部监督主体对独立董事日常监督的尽职程度有一个衡量依据，进而对于独立董事形式监督的行为实施一定的处罚，具体表现为 $W_1>0$ 且 W_1 值上升；由于三个假设中的措施实施后证监会会对大股东和内部人刻意隐瞒信息的行为有据可循地进行衡量和事前及实时监督，并会针对隐瞒信息行为加重处罚，这一点具体表现为 K 的值增大；实施假设中的措施后能够令独立董事面对刻意隐瞒甚至扭曲公司治理信息的行为尽职监督但仍旧因信息来源问题而产生误判时减轻或免于处罚，这使得 W_3 的值减小；以上所有的变动共同对独立董事尽职监督同时大股东和内部人未刻意隐瞒公司治理真实信息的演化状态产生了促进作用，演化方向会向独立董事尽职监督，公司治理内部信息能够有效传递给独立董事的方向发展，直至实现期望达到的公司治理状态。至此，三个假设得证。

表 5-4　　改进信息获取困境后独立董事与大股东决策的系统局部稳定性表

均衡点	*detJ* 符号	*trJ* 符号	局部稳定性
E_1（0，0）	不确定	不确定	非 *ESS*
E_2（0，1）	不确定	不确定	非 *ESS*
E_3（1，0）	+	-	*ESS*
E_4（1，1）	-	不确定	鞍点
E_5（q^*，p^*）	0	不确定	不稳定

注：表中体现了当 $W_1-C_1>0$ 且 $E-P-uK<0$ 且 $-C_2-iY-W_3+W_2>0$ 时，系统的局部稳定分析。

四、完善独立董事信息获取问题的政策建议

比之国际上证券市场相对发达、投资者保护机制较为健全、独立董事信息获取和物质、声誉激励机制相对有效的公司治理体系，中国公司治理机制还存在一定程度的不足需要弥补，需要在理论的持续研究和实践的不断探索中进行总结、提炼，逐步找出一条最适宜中国公司治理环境的治理机制。作为一项“舶来”的旨在改良公司治理机制的制度，中国的独立董事目前所发挥的监督职能有限。为防止独立董事信息获取难度大给独立董事履职和监督产生负面影响，促进独立董事对公司治理真实信息的获取，应对独立董事尽职监督的前提条件进行研究并改善，在目前独立董事监督存在“信息不对称”困境的情况下，实施有力、有效的措施，促进独立董事对履职所需的公司的治理信息进行效获取，才能令独立董事为我国公司治理效果发挥应有的监督职能。

根据本研究演化博弈分析结果，应采取相关措施有效改进独立董事信息获取难度高的问题。具体可以通过令独立董事发布独立意见时强制披露独立意见依据的信息获取来源且强制要求独立董事出示信息来源的有力证据、对独立董事尽职与否以及对大股东和内部人隐瞒公司治理信息实施更具力度和更公正的赏罚原则、重视事前对大股东和内部人隐瞒信息行为进行披露这几个手段来保障独立董事能够有效获取公司治理的真实信息。有效而具备实践意义的独立董事信息获取才能督促独立董事监督效能真正发挥，有力遏制大股东与内部人向

独立董事隐瞒公司治理的真实信息、实施危害企业长远利益和发展的行为。

第二节 媒体外部监管对独立董事监督决策的影响研究

根据文献综述部分关于媒体行为对公司治理影响的相关研究进行分析可以发现，媒体必然对独立董事的监督效果产生影响。一方面，媒体监督可以有效缓解信息不对称程度，从而使得各类公司治理信息在独立董事、外部中小股东和大股东、内部管理者之间更为明晰，有利于独立董事尽职监管和公司治理水平提升。这种情况下如果独立董事遭遇大股东或内部管理者的刻意排挤甚至令其被迫离职，那么由于独立董事能够借助媒体的信息披露和其他公司治理参与主体的声援获得舆论方面的支持，必定能够令其更坚定地监督大股东和管理者的违规。同时，考虑到媒体曝光可能带来的舆论威慑和声誉损失方面的因素，大股东和内部管理者的刻意排挤甚至令其被迫离职的行为则会在一定程度上收敛。此外，媒体监督引发的声誉机制和行政介入会令大股东和内部管理者的违规行为受到惩罚的概率和程度提升，进而约束其违规行为，同时也会令不尽职的独立董事受到的惩罚程度和惩罚概率提高，进而促进独立董事实现监督职能。

另一方面，由于媒体出于自利性或共谋等行为而产生报道偏误后会失去舆论监督能力，失去公众对其所发布信息的信任程度，那么其发布的相关公司治理的负面信息及披露的违规行为在中小投资者及公众眼中会变得“不可信”，媒体报道的“不可信”带来的直接后果为大股东和内部管理者的违规行为更猖獗，因为媒体监督的缺失会令大股东和管理者受到惩罚的概率和程度降低。这种情况下，媒体的“不可信”也会对独立董事的监督产生影响，失去舆论声援也会令独立董事尽职监督可能遭遇的来自大股东和内部管理者的排挤程度更为严重（Dewally 和 Peck，2010；Cotter et al. 1997；唐雪松等，2010），同时独立董事的不尽职监督行为由于缺乏媒体的舆论监督也会愈发普遍。

考虑到媒体监督行为对独立董事监督行为影响的存在性和现有研究的局限性，本研究从媒体监督的视角出发，研究媒体的不同行为对独立董事监管效果与公司治理效果的影响，探讨提升独立董事监督效果以及缓解上市公司违规问题的实现途径。

根据以上分析，提出如下两条研究假设：

假设 H_1：媒体对于公司治理违规行为的有力批露和监督有利于独立董事监督效果的发挥，媒体监督具有对独立董事“惩恶扬善”作用。

假设 H_2：媒体同利益集团共谋、地方政府干预媒体等产生的媒体报道偏误不利于独立董事监督效果的发挥。

一、演化博弈模型的构建

（一）演化博弈模型的描述与假设

表 3－2 在变量定义的基础上，增加以下补充论述：

如果考虑媒体外部监管因素对公司治理施加的影响，那么在不同媒体监督程度以及不同的违规行为曝光力度下，以上假设中的很多变量都会受到媒体监督的影响。媒体监督程度和曝光力度越大，上市公司的违规行为遭到处罚的概率和处罚程度越高，即 P 和 G 的值会随着媒体监督程度的上升而上升。对于独立董事而言，在涉及大股东掏空行为的董事会议案上如果其没有投非赞成票，那么媒体监督程度的上升会令其受到惩罚的程度上升，即 W 上升。当独立董事在大股东有利于企业行为的董事会议案上投了非赞成票时，媒体监督程度的提高令 C_1 上升。同时，考虑到媒体监督程度和曝光力度的提升，大股东或内部人对于独立董事“不听话”的事后排挤行为也会有所减弱，因此媒体监督程度上升还带来了 C_2 和 i 的减小。这些变量均可以看作为媒体监督程度这一自变量的函数，其数值随着媒体监督程度的变化而发生增减变化。

媒体监督一方面可以提升公司治理水平，当另一方面其也可能会与利益集团合谋或受到地方政府干预或出于自利性动机而产生报道偏误，选择对公司治理的相关信息隐瞒不报，避重就轻甚至扭曲公司治理的重要信息，这些行为会极大地影响投资者的判断和损害相关中小投资者的利益。因此，媒体报道偏误程度会对独立董事的监督效果带来负面影响。当媒体由于与上市公司的相关利益集团共谋等行为而产生报道偏误时，上市公司的违规行为遭到处罚的概率 P 下降，对于独立董事而言，如果在大股东掏空行为的议案提案时没有投非赞成票，那么媒体报道偏误程度的上升会令独立董事受到惩罚的程度下降，即 W 下降。而当独立董事在大股东关于有利于企业利益的董事会议案上投非赞成票时，媒体偏误程度的上升令 C_1 下降。同时，考虑到媒体偏误程度上升时，大股东或内部人对于独立董事“不听话”的事后排挤行为也会加强，媒体偏误程度上升还带来 C_2 和 i 的上升。

（二）演化博弈模型的建立

根据前文假设，本研究建立如下演化博弈支付矩阵如表 5－5 所示。

表 5－5　　　　　　　　　　支付矩阵

独立董事 \ 大股东	以掏空企业为目标制定战略	以企业利益最大化为目标制定战略
投非赞成票	$Y-C_2-iY-C_3$，$Q+E-PG$	$Y-C_1$，Q
投赞成票	$Y-W$，$Q+E$	$Y-C_4$，Q

下面，结合演化博弈和复制动态方程探讨上述模型的纳什均衡策略和占优策略，进一步分析二者博弈行为的演化过程。首先，设大股东以掏空企业为目标行动的概率为 p，以企业利益最大化为目标行动的概率为 $1-p$；独立董事在董事会上对大股东行为投非赞成票的概率为 q，投赞成票的概率为 $1-q$。其中，$0\leqslant p\leqslant 1$，$0\leqslant q\leqslant 1$。

设大股东选择以企业利益最大化为目标行动的收益为 U_{11}，选择以掏空企业为目标行动的收益为 U_{12}，则：

$$U_{11} = qQ + (1-q)Q = Q \tag{5.13}$$

$$U_{12} = q(Q+E-PG) + (1-q)(Q+E) = Q+E-qPG \tag{5.14}$$

所以，大股东的期望收益为：

$$U_1 = (1-p)U_{11} + pU_{12} \tag{5.15}$$

由此可以得到大股东的复制动态方程为（Taylor 和 jonker，1978；Friedman，1991）：

$$F(p) = dp/dt = p(U_{12}-U_1) = p(1-p)(E-qPG) \tag{5.16}$$

同理，设独立董事投赞成票的收益为 U_{21}，投非赞成票的收益为 U_{22}，则：

$$U_{21} = (1-p)(Y-C_4) + p(Y-W) = Y - C_4 - pW + pC_4 \quad (5.17)$$

$$\begin{aligned} U_{22} &= (1-p)(Y-C_1) + p(Y - C_2 - iY - C_3) \\ &= Y - C_1 + pC_1 - pC_2 - ipY - pC_3 \end{aligned} \quad (5.18)$$

所以，独立董事的期望收益为：

$$U_2 = (1-q)U_{21} + qU_{22} \quad (5.19)$$

由此可以得到独立董事的复制动态方程为：

$$\begin{aligned} F(q) = dq/dt = q(U_{22} - U_2) = q(1-q) \\ (C_4 - C_1 + pC_1 - pC_2 - ipY + pW - pC_3 - pC_4) \end{aligned} \quad (5.20)$$

因此，根据以上分析，有如下系统动态复制方程式：

$$\begin{cases} dq/dt = q(1-q)(C_4 - C_1 + pC_1 - pC_2 - ipY + pW - pC_3 - pC_4) \\ dp/dt = p(1-p)(E - qPG) \end{cases} \quad (5.21)$$

二、演化博弈分析

（一）大股东策略的演化稳定性分析

实践中分析演化稳定策略一般利用微分方程的“稳定性原理”解决演化博弈的演化稳定策略问题。即令 $F(p)=dp/dt$，如果在点 p^* 是稳定的，则 $F(p^*)=0$，同时满足 $F'(p^*)<0$。之所以必须满足这两个条件，是因为如果对复制动态方程进行稳定性分析，令 $F(p)=dp/dt$，那么根据演化稳定策略的性质可知，一个稳定状态必须对微小扰动具有稳健性才能称为演化稳定策略。也就是说，作为演化稳定策略的点 p，除了本身必须是均衡状态以外，还必须具有这样的性质，那就是如果某些博弈方由于偶然的错误偏离了它们，复制动态仍然会使 p 回归到 p^*。在数学上，相当于要求当干扰使 p 出现低于 p^* 时，$F(p)=dp/dt$ 必须大于 0，当干扰使 p 出现高于 p^* 时，$F(p)=dp/dt$ 必须小于 0。换句话说，也就是这些稳定状态处 $F(p)$ 的导数（也就是切线的斜率）$F'(p)$ 必须小于 0，也即符合微分方程“稳定性定理”。

令 $F(p)=0$，得：

$$dp/dt = p(U_{11} - U_1) = p(1-p)(E - qPG) = 0 \quad (5.22)$$

解得 $p=0$，$p=1$ 和 $q=E/PG$ 三个解。即大股东的三个稳定状态，$p=1$ 表示大股东以掏空企业为目标行动，$p=0$ 表示大股东以企业利益最大化为目标行动，$q=E/PG$ 表示此时大股东以企业利益最大化为目标行动与以掏空企业为目标行动的期望收益相同，此时大股东可以选择任意概率行动。

由于 $E>0$，$PG>0$，所以必然有 $E/PG>0$，当 $E/PG>1$ 时，此时恒有 $PG<E$，$q<E/PG$，$p=1$ 为演化稳定策略，所以必然有大股东由于掏空企业被独立董事和证监会发现后受到处罚之后收益仍旧大于以企业利益最大化为目标行动的收益，此时无论独立董事如何决策，大股东均会选择掏空企业。

当 $0<E/PG<1$ 时，分析以下三个稳定状态是否是演化稳定策略

由 $F(p)=dp/dt=p(1-p)(E-qPG)$ 有 $F'(p)=(1-2p)(E-qPG)$

当 $p=0$ 时，$F'(p)=E-qPG$

此时，当 $q<E/PG$，$F'(p)>0$，此时 $p=0$ 不是演化稳定状态；

当 $q>E/PG$，$F'(p)<0$，此时 $p=0$ 是演化稳定状态；

当 $q=E/PG$ 时，$F'(p)=0$，此时 $p=0$ 不是演化稳定状态；

当 $p=1$ 时，$F'(p)=-(E-qPG)$

此时，当 $q<E/PG$，$F'(p)<0$，此时 $p=1$ 是演化稳定状态；

当 $q>E/PG$，$F'(p)>0$，此时 $p=1$ 不是演化稳定状态；

当 $q=E/PG$ 时，$F'(p)=0$，此时 $p=1$ 不是演化稳定状态；

上述分析表明，如果独立董事群体投非赞成票的概率小于 E/PG，那么大股东群体选择以掏空企业为目标行动的概率越来越大，直至达到大股东群体全部以掏空企业为目标行动。如果独立董事群体投非赞成票的概率大于 E/PG，那么大股东群体选择以企业利益最大化为目标行动的概率越来越大，直至达到全部大股东均以企业利益最大化为目标行动。而独立董事投非赞成票的概率等于 E/PG，大股东群体选择以企业利益最大化为目标行动与否的收益相同，此时均为演化稳定状态。以上分析结论可以通过相位图更直观地表达，如图 5－3 所示。

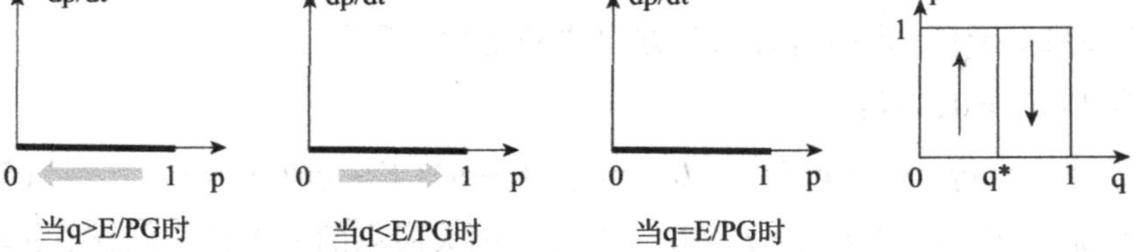

图 5－3　大股东决策的复制动态相位图

（二）独立董事策略的演化稳定性分析

令 $F(q)=0$，得：

$$dq/dt = q(U_{21}-U_2) = q(1-q)(C_4 - C_1 + pC_1 - pC_2 - ipY + pW - pC_3 - pC_4) = 0 \tag{5.23}$$

解得 $q=0$，$q=1$ 和 $p=(C_1-C_4)/(C_1-C_2-iY+W-C_3-C_4)$ 三个解。即独立董事行动的三个稳定状态，$q=0$ 表示独立董事群体均投赞成票，$q=1$ 表示独立董事群体均投非赞成票，$p=(C_1-C_4)/(C_1-C_2-iY+W-C_3-C_4)$ 时独立董事投非赞成票和赞成票的期望收益相同，此时独立董事可以选择任意概率行动。

当 $(C_1-C_4)/(C_1-C_2-iY+W-C_3-C_4)<0$ 时，有 $p>(C_1-C_4)/(C_1-C_2-iY+W_1+C_3-C_4)$，$q=0$ 为演化稳定策略，此时无论大股东如何行动，独立董事选择投赞成票的收益均大于投非赞成票，所以，这种情况下独立董事必然选择投赞成票，且其决策不依赖于大股东的决策。

当 $(C_1-C_4)/(C_1-C_2-iY+W-C_3-C_4)>1$ 时，有 $p<(C_1-C_4)/(C_1-C_2-iY+W-C_3-C_4)$，此时无论大股东如何行动，独立董事选择投赞成票的收益均大于投反对票，所以，这种情况下独立董事必然选择投赞成票，且其决策不依赖于大股东的决策。

当 $0<(C_1-C_4)/(C_1-C_2-iY+W-C_3-C_4)<1$ 时，此时，分析这三个稳定状态是否是演化稳定策略：

因为 $F(q)=dq/dt=q(1-q)(C_4-C_1+pC_1-pC_2-ipY+pW-pC_3-pC_4)$

所以 $F'(q)=(1-2q)(C_4-C_1+pC_1-pC_2-ipY+pW-pC_3-pC_4)$

当 $q=0$ 时，$F'(q)=(C_4-C_1+pC_1-pC_2-ipY+pW-pC_3-pC_4)$

此时，当 $p<(C_1-C_4)/(C_1-C_2-iY+W-C_3-C_4)$，$F'(q)<0$，此时 $q=0$ 是演化稳定状态；

当 $p>(C_1-C_4)/(C_1-C_2-iY+W-C_3-C_4)$，$F'(q)>0$，此时 $q=0$ 不是演化稳定状态；

当 $p=(C_1-C_4)/(C_1-C_2-iY+W-C_3-C_4)$，$F'(p)=0$，此时 $q=0$ 不是演化稳定状态；

当 $q=1$ 时，$F'(q)=-(C_4-C_1+pC_1-pC_2-ipY+pW-pC_3-pC_4)$

此时，当 $p<(C_1-C_4)/(C_1-C_2-iY+W-C_3-C_4)$，$F'(q)>0$，此时 $q=1$ 不是演化稳定状态；

当 $p>(C_1-C_4)/(C_1-C_2-iY+W-C_3-C_4)$，$F'(q)<0$，此时 $q=1$ 是演化稳定状态；

当 $p=(C_1-C_4)/(C_1-C_2-iY+W-C_3-C_4)$，$F'(p)=0$，此时 $q=1$ 不是演化稳定状态；

上述分析表明，如果大股东以掏空企业为目标行动的概率小于（$C_1-C_4)/(C_1-C_2-iY+W-C_3-C_4)$，那么独立董事选择投赞成票的概率越来越大，直至达到不再投非赞成票。如果大股东以掏空企业为目标行动的概率大于 $(C_1-C_4)/(C_1-C_2-iY+W-C_3-C_4)$，那么独立董事投非赞成票的概率越来越大，直至达到均投非赞成票。而当大股东以企业利益最大化为目标行动的概率等于（$C_1-C_4)/(C_1-C_2-iY+W-C_3-C_4)$，独立董事投赞成票与否的收益相同。以上分析结论可以通过相位图更直观地表达，如图 5－4 所示。

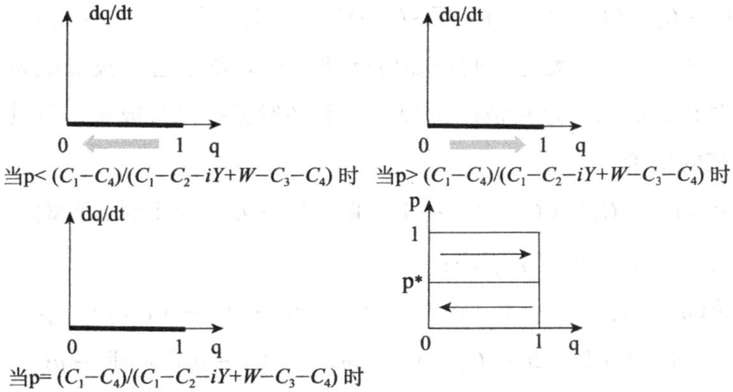

图 5－4　大股东的复制动态相位图

根据以上分析，二者的演化路径如图 5－5 所示。

（三）演化博弈稳定策略分析

综上分析，博弈过程在 3 种情况下存在稳定策略：

当（$C_1-C_4)/(C_1-C_2-iY+W-C_3-C_4$）$<0$ 时，有无论大股东如何行动，独立董事选择投赞成票的收益均大于投非赞成票，所以，这种情况下独立董事必然选择投赞成票，且其决策不依赖于大股东的决策。

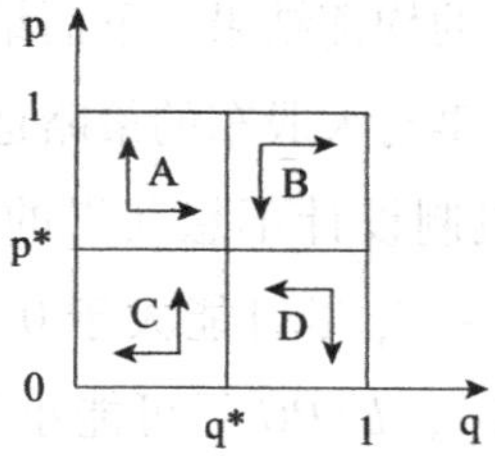

图 5-5　演化博弈路径图

当 $(C_1 - C_4)/(C_1 - C_2 - iY + W - C_3 - C_4) > 1$ 时，有无论大股东如何行动，独立董事选择投赞成票的收益均大于投反对票，所以，这种情况下独立董事必然选择投赞成票，且其决策不依赖于大股东的决策。

当 $E/PG > 1$ 时，恒有大股东由于掏空企业被独立董事和证监会发现后受到处罚之后收益仍旧大于以企业利益最大化而行动的收益，此时无论独立董事如何决策，大股东均会选择掏空企业。

可以发现三种稳定状态均并非目标所期望达到的稳定状态，所以应从初始的非稳态中入手，寻找目标稳定态的实现路径。

（四）演化稳定策略改进的数理分析

当 $0 < (C_1 - C_4)/(C_1 - C_2 - iY + W - C_3 - C_4) < 1$，$0 < E/PG < 1$ 时，独立董事和大股东的行动依赖于对方的策略选择概率，最终的均衡状态取决于各自的学习调整速度。

根据对稳定态的分析可得出，现实状况下，必然会有演化博弈朝着大股东掏空企业、独立董事只投赞成票的方向演变，且这种情况是一种演化稳定状态，因为一旦大股东选择以企业利益最大化为目标行动，则独立董事选择投赞成票，之后大股东的行动就会向掏空企业的方向演变，此时，无法得到稳定的 A 区域和 D 区域，即无法最终趋于（0，0）和（1，1），即｛大股东选择以企业收益最大化为目标，独立董事投赞成票｝和｛大股东掏空企业，独立董事投非赞成票｝两大目标想要获得的状态。因此，只能通过制定相应的机制来控制这一过程，才能使得演化方向朝着｛大股东选择以企业收益最大化为目标，独立董事投赞成票｝和｛大股东掏空企业，独立董事投非赞成票｝两大目标状态靠近。

由以上分析可知，系统的演化是一个动态过程，博弈初始状况不同，得益矩阵参数不同，都会导致不同的均衡结果。下面结合相位图对初始状态参数如何影响演化博弈系统中独立董事与大股东的策略选择进行分析。

由于现实的演化稳态为机制设计不想获得的状态，所以，远离非目标稳态，首先，应令 $-C_2-iY+W-C_3$ 尽可能大于 0 ［也即 $0<(C_1-C_4)/(C_1-C_2-iY+W-C_3-C_4)<1$ 条件］，E/PG 尽可能小于 1，即增大 W，减小 i、Y、C_2 的同时，减小 E、增大 PG 的值，才可能使得稳定状态趋近于目标稳态。

然后，在保证 $-C_2-iY+W-C_3>0$，$E/PG<1$ 即独立董事的监督不会始终选择投赞成票和大股东不会始终选择掏空企业的前提下，对博弈过程进行以下分析：

由分析可知，当初始状态在 A，B 区域时，独立董事在长期演化过程中将选择投非赞成票。此时，有 $p>p^*=C_1/(C_1-C_2-QY+W)$，这种情况下 q 会逐步趋于 1，会令独立董事朝着投非赞成票的方向演变。所以可通过减小（$C_1-C_4)/(C_1-C_2-iY+W-C_3-C_4$）的值来增大 A，B 区域的面积，以增加独立董事选择投非赞成票策略的概率。所以，应增大 W，减小 iY，减小 C_2、C_3 的值来促进独立董事投非赞成票。

当初始状态在 B，D 区域时，大股东在长期演化过程中将选择以企业收益最大化为目标行动。此时，有 $q>q^*=E/PG$，p 逐步趋于 0，会令大股东朝着以企业收益最大化为目标行动的方向演变。所以可通过减小 E/PG 的值来增大 B，D 区域的面积，以增加大股东朝着以企业收益最大化为目标行动的概率。即应减小 E，增大 PG 的值来抑制大股东掏空行为。

综合以上分析，同时控制两参与主体的状态变量，则实现了 A，B，D 区域的增大，令博弈朝目标方向演化。

（五）演化稳定策略改进的现实路径分析

要提高独立董事监督水平，必须打破已有的演化稳定状态（0，1）。如果能够在公司治理中加入媒体监督的辅助作用，无论媒体选择有效监督对上市公司施加监督压力，还是选择同上市公司的利益团体共谋进而成为其隐瞒甚至扭曲信息的工具，均会对这一均衡产生相应的不同影响。

如果媒体与公司共谋，导致报道偏误程度上升，那么媒体外部监管对公司治理的影响具体表现为 P 下降、W 下降、C_1 下降、C_2 上升、i 上升。将这一影响放入演化博弈模型中可以发现，W 下降、C_2 和 i 的上升会进一步加剧独立董事监督效果较弱的现实，进一步弱化独立董事的监督作用，造成上市公司违规行为数量的上升。造成的整体后果同样如图 5 - 2 和图 5 - 3 所示，即大股东在公司治理中实施违规行为，同时独立董事不能有效监管的情况。至此，假设 H_2 得到证实。

而如果能够建立有效的独立董事媒体外部监管机制，降低报道偏误，那么，有效媒体监督的逐步建立也能够增大 W 的值和减小 C_2 和 i 的值，这些变化会令独立董事群体中出现尽职监督的独立董事，群体策略也会逐步演化为独立董事投非赞成票的状态。进而，独立董事监督效果弱的现象开始得到遏制且逐步消失，独立董事的监督职能得以有效发挥。在控制其他条件不变的情况下，分析媒体行为对独立董事和大股东行为的影响可以发现，媒体一方的监督行为会对这一均衡产生相应的正向影响，即媒体的监督可以令演化均衡向独立董事监督效果提升的方向移动，这时媒体通过对上市公司违规行为进行监督开始对公司治理产生作用，具体表现为 P 上升、W 上升、C_1 上升、C_2 下降、i 上升。将这些影响变化放入演化博弈模型可以发现，W 上升、C_2 和 i 的下降会抑制独立董事监督效果趋弱的情况，其中 W 上升意味媒体通过报道，给政府施压，令其加大查处独立董事不尽职行为，对其加大惩罚，i 和 C_2 下降意味着，媒体通过对于独立董事尽职行为的报道和尽职行为的宣扬，使独立董事遭遇被迫离职的概率和受到排挤而带来的成本下降，因为媒体曝光下，如果大股东辞退独立董事会使其声誉受损。因此，这些变量变动的共同作用下，独立董事的监督作用得到强化，上市公司违规程度下降违规行为发生数量减少，整体情形下会使独立董事监督逐步趋向于有效监督的状态。至此，模型从媒体对独立董事和大股东行为演化路径影响的角度，证实了假设 H_1，即媒体行为对于公司治理的有效监督有利于促进独立董事监督效果实现的论题。

上市公司治理过程中，更重视媒体对于公司治理违规的外部披露和监管作用至关重要，英美等具有相对成熟公司治理模式的国家之所以具备较高的公司治理有效性，离不开媒体的外部披露作用，这些国家在公司治理过程中很重视发挥媒体的监管作用以促进公司治理更合规、合法；借鉴相关经验，我国也应更重视媒体的公司治理外部监管作用，同时规范媒体的行为，防止媒体报道偏误的产生，令其更好地促进独立董事监督效果，抑制大股东掏空等违规行为。

三、完善媒体外部监管促进独立董事监督效果的政策建议

目前，在我国公司治理体系不断发展的同时，独立董事监督机制还不够完善，上市公司违规事件数目逐年上升，独立董事未能很好发挥监督作用。而媒体作为外部监督主体，通过改善公司治理中的信息不对称情况，触发公司管理者和大股东对声誉的重视，在违规事件发生时引起行政介入，可以影响上市公司的治理效果。通过对独立董事监管与上市公司治理的演化博弈分析，发现当前我国公司治理现状下，必然存在独立董事监督效果较弱现象，要提高独立董事监督水平，需要打破目前的演化稳定状态，在公司治理中加入媒体监督，在媒体介入以后，会对当前均衡状态产生影响。在加入了媒体监督以后的演化博弈分析中可以看出，媒体作用会使得独立董事群体中开始出现尽职监督的独立董事，因此，媒体行为对于公司治理的有效监督有利于促进独立董事监督效果实现。

要实现独立董事的有效监督，减少上市公司违规事件数目，应从以下几个方面入手：第一，重视媒体监督对独立董事行为的正向影响，在公司治理过程中积极利用媒体对上市公司违规行为进行监督，令其促进独立董事尽职监督的同时与独立董事的内部监管形成合力，共同控制和约束上市公司的违规行为。第二，在利用媒体监督的同时，加强科学的独立董事激励机制以及任免机制的建立，多方配合改善独立董事监督效果趋弱现象，保障独立董事监督职能有效发挥。第三，避免媒体出于自利性以及其他原因与利益集团进行共谋，减少偏误报道对公司治理产生的负面作用。

第六章

结论与展望

第一节　结　论

我国资本市场尚不健全，公司治理体制还不完善，独立董事作为一种重要的对上市公司实现实时监督的制度，对于我国上市公司内部治理举足轻重。而独立董事监督效果又受到多种因素的影响，既受到包括独立董事声誉激励、薪酬激励、任免机制设置、履职能力等个体激励因素的影响，又受到同为上市公司内部监督主体的监事会行为以及作为上市公司外部监管主体的证监会和媒体行为的影响。考虑到独立董事监督效果实现的重要性，本书分别从这些方面讨论了独立董事个体激励各因素以及公司其他治理主体行为对独立董事监督效果的影响。本书的主要研究结论有以下七点：

第一，建立有效独立董事声誉激励机制，应通过证监会建立独立董事人才库，将尽职监督的独立董事通过公开表彰、给予相关的尽职“独立董事”称号并在之后对这一部分独立董事做出重点任职推荐给上市公司的方式给予声誉方面的奖励；同时将不尽职监督的独立董事移出独立董事人才库并进行公开披露，不允许其之后再担任独立董事职位；有效的独立董事声誉激励才能督促独立董事监督效能的真正发挥，有效遏制大股东的掏空和内部人控制等危害企业长远利益和发展的行为。

本书构建了声誉激励、独立董事监督和大股东掏空的演化博弈模型，运用演化博弈方法分析了在弱声誉激励和有效声誉激励下独立董事和大股东的策略选择过程，论证了在我国建立独立董事人才库对有效发挥独立董事声誉激励机制进而提升独立董事监督效果的重要意义。本书研究发现：在我国，通过建立独立董事人才库，一方面给予尽职监督的独立董事声誉奖励，另一方面对不尽职监督的独立董事采取移出人才库、公开披露、禁止再次任职的处罚；这些措施能够令独立董事声誉激励机制有效发挥作用，促进独立董事对违规行为的有效监督。

第二，完善独立董事薪酬激励应根据激励薪酬产生作用的原则，在明确独立董事的薪酬的分类、将独立董事薪酬分为固定薪酬和可变薪酬的情况下，将薪酬激励机制建立的重点和突破口放在提升独立董事的可变薪酬激励之上，在可能的情况下逐步减小独立董事的固定薪酬比重，增加变动薪酬并适当提高变动薪酬在整个收入中的比重，以督促独立董事监督效能的真正发挥，有效遏制大股东的掏空等违规行为以及内部人控制等危害企业长远利益和发展的行为。

本书构建了薪酬激励、独立董事监督和大股东掏空等违规行为的演化博弈模型，运用演化博弈方法分析了不同薪酬激励下独立董事和大股东的策略选择过程，论证了薪酬激励对于独立董事监督职能发挥的影响。本书研究发现：在将独立董事薪酬分为固定薪酬和可变薪酬的基础上，当给予独立董事固定薪酬时，固定薪酬的大小对于独立董事在董事会上提出异议履行监督职能不会产生影响，而如果能够给予独立董事随中小股东等外部投资者的收益升降而增减的变动薪酬，则会为其在董事会上提出异议、履行监督职能等行为带来正向的影响。

第三，应根据任免机制产生作用的原则改进独立董事任免机制。具体可以通过使用证监会与上市公司共同选任独立董事的任免机制，由证监会建立独立董事人才储备库，主要负责选任提供监督职能的独立董事，上市公司则根据公司发展主要任命提供咨询服务、人力和资本输出以及战略职能的独立董事，同时证监会任命的这一部分独立董事在董事会上占半数以上的投票权，在此基础上对证监会任免的这一部分独立董事做到对不尽职监督的独立董事进行清库以及对于尽职监督的独立董事进行重点选任，实现对独立董事的有效奖惩，同时发挥好声誉机制对于规范独立董事行为的辅助作用。有效而具备实践意义的独立董事任免机制才能督促独立董事监督效能真正发挥，有力遏制大股东的掏空和内部人控制等危害企业长远利益和发展的行为。

本书构建了不同任免机制条件下独立董事监督和大股东掏空的演化博弈模型，运用演化博弈方法分析了在当前任免机制和改进任免机制之后独立董事和大股东的策略选择过程，论证了在我国改进独立董事任免机制以提升独立董事监督效果的重要意义。研究发现：应选择证监会与上市公司共同选任独立董事的任免机制，由证监会建立独立董事人才储备库，主要负责选任提供监督职能的独立董事，上市公司则根据公司发展主要任命提供咨询服务、人力和资本输出以及战略职能的独立董事，证监会任命的这一部分独立董事在董事会上占半数以上的投票权；对于证监会任免的这一部分独立董事，证监会应做到对于不尽职监督的独立董事清库以及对于尽职监督的独立董事的重点选任，实现对独立董事的有效奖惩。这些措施能够有效改进独立董事任免机制，促进独立董事对违规行为的有效监督。

第四，要有效实现独立董事的监督职能，令其对于上市公司屡禁不止的违规行为进行有力监督，不应仅从加强独立董事监督个体激励着手，还应从加强独立董事履职能力、强化独立董事人力资本和社会资本的角度出发。一方面，应加强独立董事的就职资历审核，对于未达到履职能力要求的独立董事不应作为担任独立董事的人选，着重选择人力资本和社会资本较高的人选担任独立董事；另一方面，应加强独立董事的在职能力培训，提升其人力资本水平和对于公司治理中出现问题的处理能力，令其能够建立同内部管理者之间良好的合作关系，有效参与公司治理，提升上市公司的绩效。独立董事作为一个兼具咨询服务职能和监督职能这两类职能有机整体，其有效监督的具体实现不仅依赖于对其个体尽职监督的激励，也依赖于独立董事的履职能力和其能够为所在公司带来的收益，较大程度重视独立董事的履职能力培养、逐步提升其各类资本储备数量对于其实现监督职能和有效抑制大股东掏空等违规行为至关重要。

本书构建了独立董事拥有不同咨询能力的条件下是否会尽职监督以及大股东是否进行掏空企业行为决策的演化博弈模型，从演化博弈的视角分析了独立董事提供不同咨询服务能力的条件下独立董事和大股东行为的策略选择过程，论证了不同咨询服务能力对于独立董事监督职能有效发挥的影响。本书研究发现：独立董事如果能够为公司治理过程提供有效的人力资本和社会资本方面的协助，具备高的咨询服务能力，则独立董事在对于大股东和内部控制人的掏空等违规行为投非赞成票后能够在一定程度上防止非正常离职的情况发生；对于很难在咨询服务方面提供公司治理有效建议的独立董事则很容易招致大股东等主体事后的针对性行为，加大独立董事非正常离职的概率——即能够提供有效人力资本和社会资本的独立董事能够更有效地实现对于公司治理中不当行为的监督。

第五，为解决目前独立董事和监事会监督效果均较弱的二元监督模式困境，进一步提升上市公司治理水平，一方面应建立对监事会的问责机制，惩罚监事会监督不利的情形，追究其监督不力的责任；另一方面也应令监事会对独立董事尽职监督程度进行监管，定期发布关于独立董事尽职程度的监督报告，对独立董事履行职责的尽职程度进行披露报告。这两方面的措施不仅能令监事会有效发挥治理作用，同时能令独立董事的监督更有力、有效，进而形成监事会和独立董事这两个内部监督主体的监督合力，有效打破我国上市公司监督困境，最终实现我国上市公司内部治理水平的提升。

本书依据演化博弈理论和公司治理理论，建立了关于监事会和独立董事二者监督激励的演化博弈模型，演绎了二者的策略选择过程，通过对二者的监督机理的分析，明晰了提升二者尽职程度的激励机制。研究发现：一方面我国应建立监事会问责机制，追究监事会监督不力之责，另一方面应令监事会成为实时监督独立董事尽职程度的主体，通过定期发布独立董事尽职程度披露报告，实现对独立董事的监管。这些措施可以同时提升监事会和独立董事的监督效果，令二者形成合力，进一步提升内部治理水平。

第六，应采取相关措施有效改进独立董事信息获取难度高问题，具体可以通过令独立董事发布独立意见时强制披露独立意见依据的信息获取来源且强制要求独立董事出示信息来源的有力证据、对独立董事尽职与否以及对大股东和内部人隐瞒公司治理信息实施更具力度和更公正的赏罚原则、重视事前对大股东和内部人隐瞒信息行为进行披露这几个手段来保障独立董事能够有效获取公司治理真实信息。有效而具备实践意义的独立董事信息获取才能督促独立董事监督效能真正发挥，有力遏制大股东与内部人向独立董事隐瞒公司治理真实信息、实施危害企业长远利益和发展的行为。

本书构建了独立董事尽职监督与否和大股东及内部人是否向独立董事刻意隐瞒公司治理真实信息的演化博弈模型，运用演化博弈方法分析了在当前信息获取难度较高和通过相关措施改善独立董事信息获取程度后独立董事和大股东的策略选择过程，论证了在我国通过相关措施保障独立董事信息获取以提升独立董事监督效果的重要意义。研究发现：应通过令独立董事发布独立意见时强制披露独立意见依据的信息获取来源且强制独立董事出具信息来源的有力证据、对独立董事尽职与否以及对大股东和内部人隐瞒公司治理信息实施更具力度和更公正的赏罚原则、重视事前对大股东和内部人隐瞒信息行为进行披露这几个手段来保障独立董事能够有效获取公司治理真实信息。这些措施能够有效改进独立董事监督“信息不对称”问题，促进独立董事对违规行为的有效监督。

第七，发挥媒体的外部监管作用以实现独立董事监督效果，应从以下几个方面入手：第一，重视媒体监督对独立董事行为的正向影响，在公司治理过程中积极利用媒体对上市公司违规行为进行监督，令其促进独立董事尽职监督的同时与独立董事的内部监管形成合力，共同控制和约束上市公司的违规行为。第二，在利用媒体监督的同时，加强科学的独立董事激励机制以及任免机制的建立，多方配合改善独立董事监督效果趋弱现象，保障独立董事监督职能有效发挥。第三，避免媒体出于自利性以及其他原因与利益集团进行共谋，减少偏误报道对公司治理产生的负面作用。

在对媒体监督、独立董事监管和公司治理相关理论进行整理的基础上，运用演化博弈方法，建立了媒体的外部监管或报道偏误对于独立董事监督大股东掏空行为影响的演化博弈模型，演绎了媒体的不同行为对独立董事监督过程中独立董事和大股东行为策略选择的影响过程。研究发现：一方面，媒体对于公司治理违规行为的有力披露和外部监督有利于独立董事监督效果的发挥，对独立董事的行为具有“惩恶扬善”的作用；但另一方面，媒体同上市公司利益集团的共谋行为或地方政府操控媒体产生的报道偏误不利于独立董事监督效果的发挥。为实现独立董事有效监督，提高公司治理水平，必须重视媒体这一外部监督主体的作用，使其提高独立董事监督效果的同时与独立董事内部监管形成合力，共同对上市公司的违规行为进行约束与控制。

第二节 展 望

本书研究独立董事个体激励因素和公司治理中其他参与主体的行为对独立董事监督效果的影响，基于演化博弈方法，研究这些因素对独立董事监督效果影响的当前现状、作用机理以及改进路径。但由于作者的研究能力有待进一步提高以及时间精力所限，尚有以下内容需要在以后的研究中深入分析：

第一，演化博弈模型结论的案例验证尚不完善。本书主要以演化博弈的分析方法，在建立拟合现实模型的基础上对各因素对独立董事监督效果的影响机理及改进路径进行了分析，重点探讨了各影响独立董事监督效果的因素是如何作用于独立董事监督效果的，侧重于利用演化博弈方法分析各变量之间的关系。在公司治理领域的研究中，运用理论模型进行分析同时进行现实案例验证能够使研究结论更可信，本书由于各因素影响独立董事监督效果的相关代表性案例数量有限，寻找难度高，所以未能使每部分研究均找到现实中的案例来验证。因此，在未来的研究中，我们应该通过调研等方式对于每部分研究的演化分析结果寻找现实中的案例来借鉴，以使得研究结论更可靠。

第二，考虑运用计量经济学的相关方法对研究结论进行验证。现有利用演化博弈方法研究公司治理问题的研究文献很多开始在通过演化博弈方法建立模型后再利用计量经济学方法进行实际验证，以使研究结论更具可信度。本书的研究由于独立董事的声誉、履职能力、任免机制设定、信息获取程度等指标很难衡量，已有运用计量经济学方法对这些指标进行建立的相关文献在建立指标方面又各不相同且一定程度上不具备统一性，所以并未能用计量经济学方法对演化博弈的模型结果进行联合论证。因此在以后的研究中，我们希望能够通过更多的研究工作对这些目前尚难以准确衡量的指标建立有效的标准进行衡量，以使本书的研究结论更可信，也更具实践方面指导价值。

第三，独立董事监督效果不仅会受到本书中所提及的各因素的影响，还会受到公司治理大环境和大研究背景以及公司治理具体改革阶段的不同的影响，本书未就这些问题进行分析，也未能对大背景和公司治理改革阶段对独立董事监督效果的影响进行研究，这是本书存在的不足之处。在未来的研究中，我们希望能够在考虑这些因素影响的基础上对独立董事监督效果进行分析，提高现有研究的完善程度。

参考文献

［1］白重恩，刘俏，陆洲，宋敏和，张俊喜．中国上市公司治理结构的实证研究［J］．经济研究，2005（2）：81－91.

［2］曹廷求，王营，张蕾．董事市场供给会影响董事会独立性吗？——基于中国上市公司的实证分析［J］．中国工业经济，2012（5）：83－95.

［3］陈汉文，廖方楠，韩洪灵．独立董事联结与内部控制对盈余管理的治理效应［J］．经济管理，2019（05）：171－191.

［4］陈宏辉，贾生华．信息获取、效率替代与董事会职能的改进——一个关于独立董事作用的假说性诠释及其应用［J］．中国工业经济，2002（2）：79－85.

［5］陈睿，王治，段从清．独立董事"逆淘汰"效应研究——基于独立意见的经验证据［J］．中国工业经济，2015（8）：145－160.

［6］陈艳．独立董事声誉与独立董事劳动力市场有效性［J］．经济学家，2009（04）：5－15.

［7］程文，张国梁．高级研究人员自我激励因素研究［J］．科学学与科学技术管理，2008（6）：192－196.

［8］崔凯，孙慧琳．对我国独立董事选任机制的思考［J］．中国行政管理，2005（7）：57－59.

［9］戴亦一，潘越，刘思超．媒体监督、政府干预与公司治理——来自我国上市公司财务重述的证据［J］．世界经济，2011（11）：121－144.

［10］董志强，蒲勇健．掏空、合谋与独立董事报酬［J］．世界经济，2006（6）：71－83＋96.

[11] 杜剑，于芝麦．学术型独立董事的声誉与比例对公司股价崩盘风险的影响［J］．改革，2019（03）：118－127.

[12] 段从清．独立董事的任职资格与任免机制问题研究［J］．江汉论坛，2004（6）：40－42.

[13] 段永传，李雪梅，李学伟．国有企业治理结构多群体行为演化研究［J］．北京交通大学学报（社会科学版），2018（10）：54－66.

[14] 方军雄．政府干预、所有权性质与企业并购［J］．管理世界，2008（9）：118－123＋148＋188.

[15] 甘培忠．论完善我国上市公司治理结构中的监事制度［J］．中国法学，2001（05）：74－84.

[16] 高凤莲，王志强．独立董事个人社会资本异质性的治理效应研究［J］．中国工业经济，2016（3）：146－160.

[17] 高雷，宋顺林．董事会、监事会与代理成本——基于上市公司2002－2005年面板数据的经验证据［J］．经济与管理研究，2007（10）：18－24.

[18] 龚晓光，黎志成，胡斌．研发人员个体激励定性模拟研究［J］．中国管理科学，2005（4）：124－129.

[19] 郭强．不完全契约与独立董事作用的本质及有效性分析——从传统法人治理结构的缺陷论起［J］．管理世界，2003（2）：78－89.

[20] 韩钢，李随成．我国上市公司独立董事监督机制有效性研究［J］．财经理论与实践，2006（5）：71－75.

[21] 何孝星．关于独立董事制度与监事会制度的优劣比较及其制度安排［J］．经济学动态，2001（08）：8－12.

[22] 贺建刚，魏明海，刘峰．利益输送、媒体监督与公司治理：五粮液案例研究［J］．管理世界（月刊），2008（10）：141－150＋164.

[23] 胡奕明，唐松莲．独立董事与上市公司盈余信息质量［J］．管理世界，2008（9）：149－160.

[24] 胡元木．技术独立董事可以提高R&D产出效率吗？——来自中国证券市场的研究［J］．南开管理评论，2012（2）：136－142.

[25] 黄海杰，吕长江，丁慧．独立董事声誉与盈余质量——会计专业独董的视角［J］．管理世界，2016（03）：128－143＋188.

[26] 黄凯南．演化博弈与演化经济学［J］．经济研究，2009（2）：132－145.

[27] 简新华，石华巍．独立董事的“独立性悖论”和有效行权的制度设计［J］．中国工业经济，2006（3）：60－67.

[28] 蒋大兴．独立董事：在传统框架中行动？——超越公司治理结构改革的异向思维［J］．法学评论，2003（5）：41－47.

[29] 孔茨，韦里克著，张晓君等译．管理学［M］．北京：经济科学出版社，1998.

[30] 孔东民，刘莎莎，应千伟．公司行为中的媒体角色：激浊扬清还是推波助澜？［J］．管理世界（月刊），2013（7）：145－162.

[31] 李北伟，董微微．基于演化博弈理论的网络信息生态链演化机理研究［J］．情报理论与实践，2013（3）：15－19.

[32] 李海舰，魏恒．重构独立董事制度［J］．中国工业经济，2006（04）：88－97.

[33] 李俊成，唐国梅．独立董事责任保险：助力监督还是逃责帮凶？［J］．投资研究，2016（11）：121－133.

[34] 李俊强，徐丹．出具否定意见的独立董事能够连任吗？［J］．财经问题研究，2016（8）：38－43.

[35] 李莉，吕晨，于嘉懿．高校独董与民营上市公司绩效——“行监坐守”与“将伯之助”［J］．管理评论，2018（01）：98－117.

[36] 李培功，沈艺峰．媒体的公司治理作用：中国的经验证据［J］．经济研究，2010（4）：14－27.

[37] 李培功，徐淑美．媒体的公司治理作用——共识与分歧［J］．金融研究，2013（4）：196－206.

[38] 李世刚，蒋煦涵，蒋尧明．独立董事内部薪酬差距与异议行为［J］．经济管理，2019（03）：124－140.

[39] 李爽，吴溪．盈余管理、审计意见与监事会态度——评监事会在我

国公司治理中的作用［J］. 审计研究，2003（01）：8－13.

［40］李维安，牛建波，宋笑扬. 董事会治理研究的理论根源及研究脉络评析［J］. 南开管理评论，2009（1）：130－145.

［41］李维安，王世权. 中国上市公司监事会治理绩效评价与实证研究［J］. 南开管理评论，2005（01）：4－9.

［42］李焰，秦义虎. 媒体监督、声誉机制与独立董事辞职行为［J］. 财贸经济，2011（3）：36－41.

［43］李焰，王琳. 媒体监督、声誉共同体与投资者保护［J］. 管理世界，2013（1）：130－143.

［44］励莉，周芳玲. 独立董事身份特征对公司绩效的影响研究［J］. 经济问题，2019（06）：97－103.

［45］梁权熙，曾海舰. 独立董事制度改革、独立董事的独立性与股价崩盘风险［J］. 管理世界（月刊），2016（3）：144－159.

［46］凌士显，白羽轩. 正向激励还是机会主义？——独立董事履职行为的经验研究［J］. 劳动经济评论，2020（01）：214－232.

［47］刘春，李善民，孙亮. 独立董事具有咨询功能吗？异地独董在异地并购中功能的经验研究［J］. 管理世界，2015（3）：124－136＋188.

［48］刘峰，贺建刚，魏明海. 控制权、业绩与利益输送——基于五粮液的案例研究［J］. 管理世界，2004（8）：102－110＋118.

［49］刘汉民，康丽群. 公司治理的路径演化和路径选择［J］. 中国工业经济，2013（12）：78－90.

［50］刘浩，李灏，金娟. 不对称的声誉机制与独立董事市场需求——来自中国 A 股 ST 公司的经验证据［J］. 财经研究，2014（4）：66－78.

［51］刘浩，唐松，楼俊. 独立董事：监督还是咨询？——银行背景独立董事对企业信贷融资影响研究［J］. 管理世界，2012（1）：141－156＋169.

［52］刘浩，赵良玉，刘芬芬. 控制权收益与董事会结构调整选择——基于证监会强制引入独立董事的研究［J］. 中国会计与财务研究，2013（3）：1－71.

［53］刘建军等. 领导学原理［M］. 上海：复旦大学出版社，2001.

[54] 刘琳晨，陈暮紫，吴武清．独立董事的高管背景与“独立性”——基于董事会投票的经验证据 [J]. 南开经济研究，2019 (06)：199 - 218.

[55] 刘伟，夏立秋，王一雷．动态惩罚机制下互联网金融平台行为及监管策略的演化博弈分析 [J]. 系统工程理论与实践，2017 (5)：1113 - 1122.

[56] 路璐，冯素芬．有限理性条件下演化博弈行为分析 [J]. 数学的实践与认识，2017 (1)：221 - 228.

[57] 罗宾斯等著，孙健敏等译．组织行为学 [M]. 北京：中国人民大学出版社，2012.

[58] 罗进辉，向元高，林筱勋．本地独立董事监督了吗？——基于国有企业高管薪酬视角的考察 [J]. 会计研究，2018 (07)：57 - 63.

[59] 罗棪心，陆正飞，伍利娜．“退而不休”的独立董事发挥余热了吗？——审计委员会中退休独立董事对盈余质量的影响研究 [J]. 会计与经济研究，2020 (01)：3 - 20.

[60] 马草原，张昭．金融创新与金融风险监管——演化博弈分析与数值模拟 [J]. 当代经济科学，2020 (3)：80 - 91.

[61] 缪艳娟．重塑我国公司治理监督机制——兼论独立董事与监事会功能的协调 [J]. 审计与经济研究，2003 (06)：61 - 65.

[62] 宁向东，崔弼洙，张颖．基于声誉的独立董事行为研究 [J]. 清华大学学报：哲学社会科学版，2012 (1)：129 - 136.

[63] 宁向东，张颖．独立董事能够勤勉和诚信地进行监督吗——独立董事行为决策模型的构建 [J]. 中国工业经济，2012 (1)：101 - 109.

[64] 牛建波，赵静．信息成本、环境不确定性与独立董事溢价 [J]. 南开管理评论，2012，15 (2)：70 - 80.

[65] 潘红波，余明桂．支持之手、掠夺之手与异地并购 [J]. 经济研究，2011，46 (09)：108 - 120.

[66] 邱静，谢雨霖．大股东掏空与独立董事监督失效——以 ST 华泽为例 [J]. 财会月刊，2019 (17)：7 - 14.

[67] 全怡，郭卿．“追名”还是“逐利”：独立董事履职动机之探究 [J]. 管理科学，2017 (7)：3 - 16.

［68］冉春芳，冉光圭．上市公司内部监督模式理论［J］．管理世界，2015（03）：180－181．

［69］邵少敏，吴沧澜，林伟．国外独立董事研究［J］．世界经济，2003，26（4）：67－78．

［70］申富平．独立董事激励机制研究：现状与展望［J］．经济与管理，2007（12）：48－52．

［71］申富平，韩巧艳，赵红梅．上市公司独立董事选择和退出机制现状分析——以河北上市公司为例［J］．经济与管理，2007（5）：43－48．

［72］盛宇华，朱赛林．独立董事对企业战略变革的影响研究——基于人力资本和社会资本的视角［J］．软科学，2020（11）：1－13．

［73］孙甲奎，肖星．独立董事投行经历与上市公司并购行为及其效应研究——来自中国市场的证据［J］．会计研究，2019（10）：64－70．

［74］孙彤主编．组织行为学［M］．北京：高等教育出版社，1990．

［75］谭劲松，李敏仪，黎文靖．我国上市公司独立董事制度若干特征分析［J］．管理世界，2003（9）：110－121＋135．

［76］唐清泉，罗党论，王莉．上市公司独立董事辞职行为研究——基于前景理论的分析［J］．南开管理评论，2006（1）：74－83．

［77］唐雪松，杜军，申慧．独立董事监督中的动机：基于独立意见的经验证据［J］．管理世界，2010（9）：138－149．

［78］王分棉，原馨．学者独立董事的选聘机制研究——人力资本和社会资本的视角［J］．经济管理，2019（2）：90－106．

［79］王建明．独立董事薪酬激励机制实证分析［J］．技术经济，2011（06）：125－130．

［80］王可，周亚拿．监事会异质性对独立董事风险防控的影响分析——以银行业为例［J］．山东社会科学，2016（10）：131－136．

［81］王言，周绍妮，宋夏子．中国独立董事："咨询"、"监督"还是"决策"？——兼论独立董事特征对履职的调节效应［J］．北京交通大学学报（社会科学版），2019（04）：79－92．

［82］王彦明，赵大伟．论中国上市公司监事会制度的改革［J］．社会科

学研究，2016（01）：89－96.

[83] 吴先聪，管巍．“名人独董”、管理层权力与股价崩盘风险［J］．现代财经（天津财经大学学报），2020（01）：98－113.

[84] 武立东，王振宇，薛坤坤，王凯．独立董事的执业身份与关联交易中的私有信息［J］．南开管理评论，2019（04）：148－160＋186.

[85] 夏立军，方铁强．政府控制、治理环境与公司价值［J］．经济研究，2005（5）：40－51.

[86] 肖曙光．独立董事制度：功能释放条件及优化对策［J］．中国工业经济，2017（4）：88－95.

[87] 辛清泉，黄曼丽，易浩然．上市公司虚假陈述与独立董事监管处罚——基于独立董事个体视角的分析［J］．管理世界，2013（05）：131－143.

[88] 徐永森，戴尚理．激励原理与方法［M］．长春：吉林大学出版社，1991.

[89] 许荣，王杰．董事责任保险与公司治理机制的互动影响研究——来自中国A股上市公司的证据［J］．保险研究，2012（3）：68－78.

[90] 杨德明，赵璨．媒体监督、媒体治理与高管薪酬［J］．经济研究，2012（6）：116－126.

[91] 杨锴，赵希男，周岩．治理能力优势多样性导向的独立董事选聘研究［J］．经济管理，2018（2）：55－71.

[92] 杨有红，黄志雄．独立董事履职状况和客观环境研究［J］．会计研究，2015（4）：20－26.

[93] 叶康涛，祝继高，陆正飞，张然．独立董事的独立性：基于董事会投票的证据［J］．经济研究，2011（01）：126－139.

[94] 易余胤，刘汉民．经济研究中的演化博弈理论［J］．商业经济与管理，2005（8）：8－13.

[95] 于鹏，闫洁冰．银行背景独立董事监督上市公司了吗？——企业债务融资视角［J］．财经论丛，2020（05）：65－74.

[96] 余杭．关于完善我国上市公司独立董事制度的思考［J］．中国软科学，2002（5）：27－31.

［97］俞林，康灿华，王龙．互联网金融监管博弈研究：以 P2P 网贷模式为例［J］．南开经济研究，2015（5）：126－139.

［98］岳殿民，李雅欣．法律背景独立董事声誉、法律环境与企业违规行为［J］．南方金融，2020（02）：22－31.

［99］张德主编．组织行为学［M］．北京：高等教育出版社，1999.

［100］张芳，司光亚，罗批．基于演化博弈理论的人际谣言传播仿真模型研究［J］．系统仿真学报，2011（9）：1772－1775.

［101］张洪辉，平帆，章琳一．独立董事地理距离与财务报告质量——来自上市公司的经验证据［J］．审计研究，2019（01）：81－90.

［102］张淑慧．独立董事的薪酬激励机制探讨［J］．西南农业大学学报（社会科学版），2005（02）：57－58＋69.

［103］张天舒，陈信元，黄俊．独立董事薪酬与公司治理效率［J］．金融研究，2018（06）：155－170.

［104］张晓东．信息环境与独立董事有效性［J］．投资研究，2015（8）：82－98.

［105］张勇．独立董事关系网络位置与企业商业信用融资——基于程度中心度和结构洞视角［J］．中南财经政法大学学报，2020（1）：1－20.

［106］张振新，杜光文，王振山．监事会、董事会特征与信息披露质量［J］．财经问题研究，2011（10）：60－67.

［107］郑春美，李文耀．基于会计监管的中国独立董事制度有效性实证研究［J］．管理世界，2011（03）：184－185.

［108］郑志刚．法律外制度的公司治理角色——一个文献综述［J］．管理世界，2007（9）：136－147.

［109］郑志刚，胡晓霁，黄继承．超额委派董事、大股东机会主义与董事投票行为［J］．中国工业经济，2019（10）：155－174.

［110］郑志刚，李俊强．议案事项、集体行动与独立董事发表否定意见［R］．北京：中国人民大学财政金融学院，2015.

［111］郑志刚，梁昕雯，黄继承．中国上市公司应如何为独立董事制定薪酬激励合约［J］．中国工业经济，2017（02）：174－192.

[112] 周佰成，邵振文，孙祖珩．中国上市公司独立董事功能缺失与制度重塑 [J]. 社会科学战线，2017（3）：251－255.

[113] 周繁，谭劲松，简宇寅．声誉激励还是经济激励——独立董事“跳槽”的实证研究 [J]. 中国会计评论，2008（2）：177－192.

[114] 周建，王顺昊，张双鹏．董秘信息提供、独立董事履职有效性与公司绩效 [J]. 管理科学，2018（9）：97－116.

[115] 周军．独立董事性别、地理位置与股价崩盘——基于会计专业独董的视角 [J]. 中南财经政法大学学报，2019（03）：35－45.

[116] 周泽将，刘中燕．中国独立董事声誉机制的有效性研究——基于违规处罚市场反应视角的经验证据 [J]. 中央财经大学学报，2015（8）：102－112.

[117] 周泽将，刘中燕，伞子瑶．海归背景董事能否促进企业国际化？[J]. 北京：经济管理，2017（7）：104－119.

[118] 周泽将，汪帅．本地独立董事能否有效抑制国有企业高管在职消费？[J]. 北京工商大学学报（社会科学版），2020（01）：35－49.

[119] Abelson, R., 2001, “Enron Board Comes under a Storm of Criticism”, The New York Times, 12 (6), PP1－26.

[120] Adams, R. B., Ferreira. D., 2007, “A theory of friendly boards”, The Journal of Finance, 62 (1), PP217－250.

[121] Adams, R. B., Hermalin, B. E., Weisbach, M. S., 2010, “The Role of Boards of Directors in Corporate Governance: A Conceptual Framework and Survey”, Journal of Economic Literature, 18 (1), PP58－107.

[122] Allen, F., Qian, J., and Qian, M., 2005, “Law, finance, and economic growth in China”, Journal of Financial Economics, 77 (1), PP57－116.

[123] Barron, O. E., Harris, D. G., and Stanford, M., 2005, “Evidence that investors trade on private event－period information around earnings announcements”, The Accounting Review, 80 (2), PP403－421.

[124] Becker, G. S., 1968, “Crime and punishment: an economic approach”, Journal of Political Economy”, 76 (2), PP169－217.

[125] Becker, G. S. , Murphy, K. M. , 1993, "A simple theory of advertising as a food or bad", Quarterly Journal of Economics", 108 (4), PP941 -964.

[126] Benoni, F. , and Randone, P. A. , 2006, "The Small World of Italian Finance and Ownership Interconnections and Board Interlocks amongst Italian Listed Companies", SSRN Working Paper.

[127] Berkman, H. , Cole, R. A. , Fu, L. J. , 2011, "Political connections and minority - shareholder protection: evidence from securities - market regulation in China", Journal of Financial and Quantitative Analysis, 45 (06), PP1391 - 1417.

[128] Besley, T. , Burgess, R. , 2002, "The political economy of government responsiveness: theory and evidence from India", Quarterly Journal of Economics, 117 (4), PP1415 - 1451.

[129] Besley, T. , Prat, A. , 2006, "Handcuffs for the grabbing hand? Media capture and government accountability", American Economic Review, 96 (3), PP720 - 736.

[130] Binmore, K. , 1992, "Foundation of game theory" . Laffont, J. , "Advances in Economic Theory", "Sixth World Congress (Vol. 1)", Cambridge University Press, PP1 - 31.

[131] Brick, I. , Palmon, J. and Wald, J. , 2006, "CEO Compensation, Director Compensation, and Firm Performance: Evidence of Cronyism", Journal of Corporate Finance, 12 (1), PP403 -423.

[132] Chen, H. , Parsley, D. and Yang, Y. , 2015, "Corporate lobbying and firm performance", Journal of Business Finance & Accounting, 42 (3 -4), PP444 - 481.

[133] Claessens, S. , Djankov, S. , Fan, J. P. H. , Lang, L H P. , 2002, "Disentangling the incentive and entrenchment effects of large shareholdings", Journal of Finance, 57 (6), PP2741 -2771.

[134] Coles, J. F. , and Hoi, C. K. , 2003, "New Evidence on the Market for Directors: Board Membership and Pennsylvania Senate Bill 1310", The Journal of Finance, 58 (1), PP197 -230.

[135] Cotter, J. F., Shivdasani, A., Zenner, M., 1997, "Do independent directors enhance target shareholder wealth during tender offers?", Journal of Financial Economics, 1997, 43 (7), PP195 -218.

[136] DeAngelo, H., DeAgelo, L., Gilson, S. C., 1994, "The collapse of First Executive Corporation junk bonds, adverse publicity, and the 'run on the bank' phenomenon", Journal of Financial Economics, 36 (3), PP288 -336.

[137] DeAngelo, L. E., 1981, "Auditor Size and Audit Quality", Journal of Accounting and Economics, 3 (3), PP183 -199.

[138] Dewally, M., Peck, S. W., 2010, "Upheaval in the boardroom: Outside director public resignations, motivations, and consequences", Journal of Corporate Finance, 16 (3), PP38 -52.

[139] Djankov, S., Mcleish, C., Nenova, T., Shleifer, A., 2003, "Who owns the media?", Journal of Law and Economics, 46 (2), PP341 -381.

[140] Dyck, A., Volchkova, N., and Zingales, L., 2008, "The Corporate Governance Role of the Media: Evidence from Russia", The Journal of Finance, 63 (3), PP1093 -1135.

[141] Dyck, A., Zingales, L., 2002, "The Corporate Governance Role of the Media", NBER Working Paper.

[142] Dyck, A., Zingales, L., 2003, "The media and assetprices". HBC and University of Chicago Working Paper.

[143] Fama, E. F., 1980, "Agency Problems and the Theory of the Firm", The Journal of Political Economy", 88 (2), PP288 -307.

[144] Fama, E. F., JenseN, M. C., 1983, "Separation of ownership and control", Journal of Law & Economics", 26 (2), PP301 -325.

[145] Fama, E. F., 1980, "Agency Problems and the 'Theory of the Firm'", The Journal of Political Economy, 88 (2), PP288 -307.

[146] Fich, E. M., Shivdasani, F., 2005, "Impact of Stock - Option Compensation for Outside Directors on Firm Value", Journal of Business, 78 (6), PP2229 -2254.

[147] Fich, E. M., Shivdasani, A., 2007, "Financial Fraud, Director Reputation, and Shareholder Wealth", Journal of Financial Economics, 86 (2), PP306 - 336.

[148] Fisher, R. A., 1930, "The Genetical Theory of Natural Selection", Clarendon Press Oxford.

[149] Francis, B., Hasan, I., Qiang, W., 2015, "Professors in the Boardroom and Their lmpact Corporate Governance and Firm Porformance", Financial Management, (3), PP547 - 581.

[150] Friedman, D., 1991, "Evolutionary games in economics", Econometrica, 59 (3), PP637 - 666.

[151] Fudenberg, D., Levine, D. K., 1998, "Theory of Learning in Games", Compuers and Mathematics with Applications, 36 (6), PP144 - 145.

[152] Gentzkow, M., Glaeser, E. L., Goldin, C., 2006, "The rise of the fourth estate: How newspapers became informalive and why it mattered", University of Chicago Working Paper.

[153] Gentzkow, M., Shapiro, J. M., 2006, "Media bias and reputation", Journal of Political Economy, 114 (2), PP280 - 316.

[154] Gilson, S., 1990, "Bankruptcy, boards, banks, and blockholders: Evidence on changes in corporate ownership and control when firms default", Journal of Financial Economics, 27 (2), PP355 - 387.

[155] Granovetter, M., 1985, "Economication and Social Structure: The Problem of Embeddedness", American Journal of Sociology, (91), PP481 - 510.

[156] Guiso, L., Sapienza, P. and Zingales, L., 2001, "The Role of Social Capital in Financial Development", SSRN Working Paper.

[157] Gurun, U. G., Butler, A. W., 2012, "Don't believe the hype: local media slant, local advertising, and firm value", Journal of Finance, 67 (2), PP561 - 598.

[158] Hamilton, J., 2004, "All the news that's fit to sell: how the market transforms information into news". Princeton University Press.

[159] Hamilton, W. D., 1967, "Extraordinary sex ratios. Science", 156 (3774), PP477 -488.

[160] Harford, J., 2003, "Takeover bids and target directors incentives: The impact of a bid on director's wealth and board seats", Journal of Financial Economics, 69 (1), PP51 -83.

[161] Hayakawa, S. L., 1978, "Language in thought and action", Harcourt Brace Jovanovich.

[162] Helland, E., 2006, "Reputational Penalties and the Merits of Class Action Securities Litigation", Journal of Law and Economics, 49 (2), PP365 -395.

[163] Hong, Zhou, Chang, Zhou, Wanfa, Lin, and Guoping, Li, 2017, "Corporate Governance and Credit Spreads on Corporate Bonds; An Empirical Study in the Context of China", China Journal of Accounting Studies, (5), PP50 -72.

[164] Huang H., lee, E., lyu, C. et al., 2016, "The Effect of Accounting Academics in the Boardroom on The Value Relevance of Financial Reporting information", Lntemational Review of Financial Analysis, (2), PP18 -30.

[165] Izumi, Kubo, 2002, "An inquiry into the motivations of knowledge workers in the Japanese financial industry", Journal of Knowledge Management, (6), PP262 - 271.

[166] Jia, C. X., Ding, S. J., Li, Y. S., Wu, Z. Y., 2009, "Fraud, Enforcement Action, and the Role of Corporate Governance: Evidence from China", Journal of Business Ethics, 90 (4), PP561 -576.

[167] Jian, M., Wong, T. J., 2010, "Propping through Related Party Transactions", Review of Accouratirag Studies, 15 (1), PP70 -105.

[168] Joe, J., Louis, R. H., and Robinson, D., 2009, "'Managers' and 'investors' responses to media exposure of board ineffectiveness", Journal of Financial and Quantitative Analysis, 44 (03), PP579 -605.

[169] Johnson, S., Porta, R. L., DeSilanes, F. L., Shleifer, A., 2000, "Tunneling", The American Economic Review, 90 (2), PP22 -27.

[170] Kaplan Steven, N., Reishus, D., 1990, "Outside directorships and corporate performance", Journal of Financial Economics, 27 (2), PP389 - 410.

[171] Kim, Y., 2005, "Board Network Characteristic and Firm Performance in Korea", Corporate Governance an International Review, (6), PP800 - 808.

[172] Kroll, M., Walters, B. A., Le, S. A., 2007, "The Impact of Board Composition and Top Management Team Ownership Structure on Post - Ipo Performance in Young Entrepreneurial firms", Academy of Management Joumal, (5), PP1198 - 1216.

[173] La, Pona., Lopez - de - Silanes, R. F., Shleifer, A., and Vishny, R., 1999, "Corporate Ownership around the World", Journal of Finance, 54 (2), PP471 - 520.

[174] Martijn Cremers, Joost Driessen, Pascal Maenhout, et al., 2009, "Does Skin in the Game Matter? Director Incentives and Governance in the Mutual Fund Industry", Journal of financial and quantitative ananlysis, 44 (6), PP1345 - 1373.

[175] McNamara, J. M., Weissing, F. J., 2010, "Evolutionary Game Theory, Social Behaviour: Genes", Ecology and Evolution, (16), PP10 - 33.

[176] Miletkov, M., Poulsen, A., Wintoki, M. B., 2017, "Foreign Independent Directors and the Quality of Legal Institutions", Journal of Intemational Business Studies, (2), PP1 - 26.

[177] Miller, G. S., 2006, "The press as a watchdog for accounting fraud", Journal of Accounting Research, 44 (5), PP1001 - 1033.

[178] Moss, A. C., 2004, "A content analysis study of objectivity of business reports relating to the internet stock bubble on American news networks by news journalists, company officials and financial analysts", Capella University.

[179] Nash, J. F., 1950, "Equilibrium points in n - person games." Proceedings of the National Academy of Sciences, 36 (1), PP48 - 49.

[180] Perry, T., 2000, "Incentive Compensation for Outside Directors and CEO Turnover", Working Paper, Arizona State University.

[181] Pona, R. F., Lopez - De - Silanes, and Shleifer, A., 1999, "Corporate Ownership around the World", The Journal of Finance, 54 (2), PP471 - 517.

[182] Putnam, R. D., 1993, "Making Democracy Work: Civic Tradition in Modern Italy". Princeton University Press.

[183] Qgan, Y., LIS., 2017, "Are academic independent directors punished more Severely when they engage in violations? ", China Journal of Accountine Research, 10 (1), PP71 - 86.

[184] Ryan, H. E., Wiggins, R A., 2004, "Who is in Whose Pocket? Director Compensation, Board Independence and Barriers to Effective Monitoring", Journal of Financial Economics, 73 (3), PP497 - 524.

[185] Salmon, W., 1993, "Crisis Prevention: How to Gear Up Your Board", Harvard Business Review, 71 (1), PP68 - 75.

[186] Shivdasani, A., and Yermack, D., 1999, "CEO Involvement in the Selection of New Board Members: An Empirical Analysis", Journal of Finance, 54 (5), PP1829 - 1853.

[187] Shleifer, A., and Vishny, R. W., 1997, "A Survey of Corporate Governance", The Journal of Finance, (52), PP737 - 783.

[188] Sigmund, K., Nowak, M. A., 1999, "Evolutionary Game Theory", Current Biology, 9 (14), PP503 - 505.

[189] Sila, V., Gonzalez, A., Hagendoref, J et al., 2017, "Independent director reputation incentives and stock price informativeness", Journal of Corporate Finance, 47 (12), PP219 - 235.

[190] Smith, J. M., 1982, "Evolution and the theory of games", Cambridge University Press.

[191] Srinivasan, S., 2005, "Consequences of Financial Reporting Failure for Outside Directors: Evidence from Accounting Restatements", Journal of Accounting Research, 43 (3), PP291 - 334.

[192] Steers, R. T., Shapiro, D. L., 2004, "Introduction to special topic forum: The future of work motivation theory", The Academy of Management Review,

209 (3), PP379 - 387.

[193] Taylor, P. D., Jonker, L. B., 1978, "Evolutionary stable strategies and game dynamics", Mathematical Biosciences, 40 (1 - 2), PP145 - 156.

[194] Tuyls, K., Nowe, A., 2005, "Evolutionary Game Theory and Multi - agent Reinforcement Learning", The Knowledge Engineering Review, 20 (1), PP63 - 90.

[195] Vroom., V. H., 1964, "Work and motivation", New York: Wiley.

[196] Wesley, M. N., and J. M., 2010, "Vidal. Small World of Board Members in Brazilian Capital Market", SSRN Working Paper.

[197] Yermack, D., 2004, "Remuneration, retention, and reputation incentives for outside directors", Journal of Finance, 59 (5), PP2281 - 2308.